Lições de Direito Administrativo
estudos em homenagem a
Octavio Germano

L719 Lições de Direito Administrativo: estudos em homenagem a
Octavio Germano/Luiz Paulo Rosek Germano, José Carlos
Teixeira Giorgis, org.; Juarez Freitas ... [et al.]. — Porto
Alegre: Livraria do Advogado Ed., 2005.
146 p.; 16 x 23 cm.
ISBN 85-7348-340-7

1. Direito Administrativo. 2. Administração pública. I. Germano, Luiz Paulo Rosek, org. II. Giorgis, José Carlos Teixeira, org.
III. Freitas, Juarez.

CDU - 35

Índices para o catálogo sistemático:

Direito Administrativo
Administração pública

(Bibliotecária responsável: Marta Roberto, CRB-10/652)

Luiz Paulo Rosek Germano
José Carlos Teixeira Giorgis
(Organizadores)

Lições de Direito Administrativo
estudos em homenagem a
Octavio Germano

Juarez Freitas
Fábio Medina Osório
Regina Linden Ruaro
Marcelo Caetano Guazzelli Peruchin
Pedro Henrique Poli de Figueiredo
Daniel D'Aló de Oliveira
Gustavo Bohrer Paim
Daniel Ustárroz

livraria
DO ADVOGADO
editora

Porto Alegre 2005

©

José Carlos Teixeira Giorgis e Luiz Paulo Rosek Germano (organizadores);
Daniel D'Aló de Oliveira; Daniel Ustárroz; Fábio Medina Osório;
Gustavo Bohrer Paim; Juarez Freitas; Marcelo Caetano Guazzelli Peruchin;
Pedro Henrique Poli de Figueiredo; Regina Linden Ruaro.
2005

Capa, projeto gráfico e composição de
Livraria do Advogado Editora

Revisão de
Rosane Marques Borba

Direitos desta edição reservados por
Livraria do Advogado Editora Ltda.
Rua Riachuelo, 1338
90010-273 Porto Alegre RS
Fone/fax: 0800-51-7522
livraria@doadvogado.com.br
www.doadvogado.com.br

Impresso no Brasil / Printed in Brazil

Sumário

Octávio Badui Germano, um cavalheiro na gestão pública
José Carlos Teixeira Giorgis (org.) 7

1. Controle dos atos vinculados e discricionários à luz dos princípios fundamentais
Juarez Freitas 13

2. Novos paradigmas de gestão em segurança pública
Fábio Medina Osório 39

3. Seguridade social: reforma previdenciária brasileira sob a égide do novo liberalismo
Regina Linden Ruaro 55

4. Serviço público: do estatismo às parcerias público-privadas
Luiz Paulo Rosek Germano 71

5. A impositiva declaração da suspensão da pretensão punitiva do Estado, também quanto ao crime-meio eventualmente vinculado aos delitos previstos no art. 9º da Lei nº 10.684/03 (REFIS II ou PAES)
Marcelo Caetano Guazzelli Peruchin 85

6. Da inconstitucionalidade dos §§ 4º e 5º do art. 1.228 do novo Código Civil
Pedro Henrique Poli de Figueiredo 91

7. Características gerais das Organizações Sociais
Daniel D'Aló de Oliveira 95

8. Comissões Parlamentares de Inquérito
Gustavo Bohrer Paim 107

9. Breves notas sobre a boa-fé no Direito Administrativo
Daniel Ustárroz 123

Octavio Badui Germano,
um cavalheiro na gestão pública

Não era tranqüila a vida dos habitantes da pequena Dahr Safra, situada nos contrafortes da fronteira com os turcos, pois rito de passagem das invasões das hordas vizinhas, avaras em se apoderar do fértil e adamascado terreno sírio.

A tensão e a insegurança fizeram o jovem Taufik aceitar o conselho de amigos e parentes: emigrar para uma região de paz, onde pudesse assegurar a felicidade de Nagibe e criar a pequena Faride, longe das agruras da guerra e do sacrifício da nacionalidade.

Houve época em que os imigrantes aqui vinham atraídos pelas vantagens de sua própria locomoção, inclusive beneficiados pelo pagamento das despesas de transporte e garantia de espaço físico, tal como prescreviam as leis de D.Lourenço da Veiga, em 1577, ou de igual procedimento adotado pelo Governo Imperial, em meados do século XIX.

A diáspora de turcos, libaneses e sírios deu-se de forma voluntária, no intuito de colaboração com os nacionais, é certo que também buscando a estabilidade dos familiares e as perspectivas futuras, aqui chegando os primeiros grupos nos lindes de 1880, após enfrentar angústias do mar, outros já inseridos pela via terrestre através de Montevidéu ou Jaguarão, como fora hábito de numerosas etnias que chegavam ao Rio Grande.

O número mais expressivo de imigrantes sírios se deu após a proclamação da República, disseminando-se pelo Estado, a maioria se dedicando ao comércio, outros mascateando em lombos de cavalos e mulas, infiltrando-se nos pontos mais recônditos, como bandeirantes que desbravavam atalhos, descobrindo amizades, levando a notícia perdida, o perfume, a seda, o remédio.

Aqui o especial estilo da imigração árabe, em que se distinguiu dos italianos, alemães, polacos, que optaram pelas zonas de colonização e adotaram as práticas agrícolas e pastoris: os levantinos fizeram a ocupação urbana, situando-se em locais de menor desenvolvimento, disputando o comércio com os portugueses, que logo suplantaram, criando enclaves de domínio e monopólio.

Foi assim com Felipe Mechereffe, em Pelotas; com os Mansur, de Bagé; com os Radé, de São Gabriel; ou os Yarid, Maffuz e Neja, em Porto Alegre.

Em 1913, alertado pelas potencialidades da terra e a antecipação de outros patrícios, Taufik Badui Germano chega a Cachoeira do Sul, ainda sem Nagibe e Faride, e logo também Paulo, Assad e Kalil Rosek, mais tarde Antonio Buz, Antonio Sarkis, depois as famílias Ache e Albany.

Nesta época, a cidade já não era mais a "pouco importante" freguesia de N.S. da Conceição da Cachoeira, que se levantava às margens do Jacuí, e aonde se chegava de canoa, "porém com mais tempo e mais trabalho"; podia "ser a distância maior pelas sinuosidades do rio, que, além disto se acham às vezes impedidas pela escassez das águas, no tempo da seca", de que falava Nicolau Dreys, em obra de 1839, nem a "bela cidadezinha, de casas caiadas, em pedra e tijolo, cobertas de telhas avermelhadas, a igreja com o aspecto de uma grande família, de situação aprazível... e muito favorável ao comércio pela comunicação fluvial com a capital da Província", as casas construídas com pedras de umas colinas, "de grés quartzoso e argilífero", as colinas cobertas de calhaus, como narrava Arsène Isabelle, em 1834.

Ainda sem maiores rendas, Taufik recebe as mercadorias em consignação e age como mascate, fluindo através dos capilares distritais, como o sangue que inunda os vácuos do corpo, espalhando-se, forjando estimas, atravessando veredas e matos, lá no rancho mais remoto onde a palavra e a oferta soavam como retórica gregoriana, os olhos brilhando na tepidez do algodão, as cores luxuriantes, os cheiros da alfazema, as epifanias da sedução.

Aquinhoado, mulher e filha juntas, Taufik estabelece um armazém de secos e molhados, também um empório de frutas, os filhos nascendo, Farido, Octavio, Rafik, Cecília, Pedro e Geraldo, os estudos no colégio Roque Gonçalves, e deste receptáculo de interesses e afetos, os anos passando, o clã dos Germanos constrói amálgama de empresas de transporte, loteamentos, incorporações, imprensa, em se divisa a afeição ao progresso de Cachoeira e a satisfação popular, a gratidão ao abrigo dado ao sírio que acreditou ser possível.

A peculiar eficiência administrativa e a genética aptidão política constituem vocações atávicas dos descendentes de Taufik e Nagibe Germano.

Em 1943, Octavio Badui Germano vem estudar no colégio Júlio de Castilhos, então paradigma do ensino público, cadinho de líderes que ensaiavam as trilhas políticas, noviciado para os que se acostumavam com as tribunas e os púlpitos e onde ecoavam os tímidos discursos que logo incendiariam o Rio Grande; com a reorganização do país, que saía de um período autoritário, surgem os partidos, e o jovem cachoeirense se inscreve na Ala Moça do PSD, um dos híbridos de Getúlio Vargas, logo se destacando por sua prudência e firmeza de atitudes, fazendo sua unção batismal oratória na campanha de Walter Jobim, nas praças do Alegrete e Uruguaiana para onde se recrutavam os acadêmicos da capital.

Na histórica e centenária Faculdade de Direito da Universidade Federal, onde se diplomou em 1950, Octavio ouviu as lições de Cirne Lima, de Darcy Azambuja, de Salgado Martins, de Armando Câmara, de Elpídio Paes, de João Bonumá, de Edgar Luis Schneider, de José Luis Martins Costa, de Vicente Santiago, de Simch Júnior, de Ernani Estrella, verdadeiros ícones da tradição jurídica rio-grandense, subindo e descendo o mármore de suas escadas, assistido pelas estátuas e quadros dos bacharéis, e convivendo com colegas que foram além dos escritórios de advocacia, como Wilson Vargas, Ney Ahrends, Bonorino Butelli, entre outros.

A Octavio, todavia, "a política o fascinou pela manhã", como disse Osvaldo Aranha a respeito de João Neves da Fontoura, outro cachoeirense ilustre, marcando-o com o signo da predestinação, "nasceu para ela" e para a vida pública, pois como aquele, "estudante, fostes político".

A política é uma inclinação natal, mas se aprimora com a prática de seu exercício, amadurece com as frustrações, afirma-se com o sucesso dos propósitos.

A quem indagava qual a primeira parte da política, Michelet respondia "a educação".

E a segunda? "- Ainda a educação", redargüia.

Mas a terceira, insistiam? "- A educação", finalizava.

Ciência da liberdade, para Proudhon, ou arte, para Bismarck, a política é tão excitante como a guerra, e não menos perigosa, pois na guerra se morre uma só vez, mas na política, muitas, dizia Churchill; a razão estava com o grande corso, eis que na política convém se curar os males e nunca vingá-los.

Para se afirmarem, os moços do PSD precisavam de um representante na Câmara de Vereadores de Porto Alegre e indicaram Octavio Germano como seu candidato, à revelia dele, que não tinha na metrópole, uma base fixa para elevar-se à disputa, nenhum bairro, nenhuma associação, grupo ou facção, a não ser a simpatia e popularidade que atraía, em suas caminhadas pelo Largo dos Medeiros ou no trajeto da Rua da Praia, como costuma contar.

As regras políticas não respeitam a ortodoxia e muitas vezes fogem das profecias ancoradas em preceitos dogmáticos ou em previsões sedimentadas na experiência do caso concreto, mas são fluídas, surpreendentes.

Em outubro de 1952, Octavio toma posse como 1° Suplente da bancada do PSD na Câmara de Vereadores de Porto Alegre, elegendo-se de forma efetiva em 1956 e reelegendo-se em 1960, ano em que se casou com D.Ivone Rosek Germano, filha de imigrante pioneiro e amigo de Taufik.

Nestes episódios legislativos, Octavio foi titular da Comissão de Justiça e Redação (1956/59), líder da bancada do PSD (1956), líder da Frente Democrática (1957/59), Vice-Presidente da Comissão de Justiça e Redação (1955), participou da feitura do Regimento Interno, e de Comissões Parlamentares de Inquérito e Comissões Especiais, tendo renunciado a seu mandato quando, em vista desta proveitosa experiência, foi indicado para o Tribunal de Contas de Porto Alegre (1963).

Com a extinção do colegiado, retorna à militância política, sendo eleito Deputado Estadual, assumindo em setembro de 1963, e designado, sucessivamente, para a Comissão de Obras Públicas (1964), Educação e Saúde (1965), e Finanças e Orçamento (1965).

Reeleito em 1966 pela ARENA, desde logo integra a Comissão de Educação e Saúde, sendo apontado para a Comissão Especial de Reforma da Constituição do Estado (1967) e escolhido para a Presidência da Comissão Especial para Estudo e Desenvolvimento da Lagoa Mirim (1967), ainda membro da Comissão Parlamentar Interestadual do Extremo Sul (1968), Presidente da Comissão de Educação e Saúde (1968), viajando em representação para Portugal, depois membro da Comissão Especial para Estudo da Produção de Medicamentos Essenciais pelo Estado (1968), além de componente da Comissão Representativa (1968).

Em março de 1969 é eleito Presidente da Assembléia Legislativa do Estado, o que lhe permitiu exercer o Governo do Estado em diversas ocasiões, em virtude de viagens do Governador para outros países (abril/maio de 1969).

Octavio Badui Germano é o único parlamentar reeleito para outra gestão no Poder Legislativo, fato absolutamente original e que aconteceu em março de 1970; durante suas administrações foram construídas as salas das comissões, o plenarinho, o restaurante, além do auditório do Palácio Farroupilha, tendo tomado sadias medidas em relação aos recursos humanos.

Em fins de 1970, com expressiva votação, Octavio retorna para a 7ª Legislatura da Assembléia Legislativa, mas logo dela se afasta para assumir a Secretaria do Interior e Justiça (1971), retornando ao Parlamento em maio de 1974, integrando a Comissão de Obras, onde esteve até novembro quando volta para a Secretaria do Interior (novembro de 1974).

Nesta etapa executiva, é criada uma Coordenadoria dos Municípios, germe de outras assessorias e comissões que ainda hoje ajudam o interior em suas perplexidades e problemas, como ainda se instala a primeira prisão aberta na América Latina, sediada em Mariante, com o aproveitamento de extinto seminário religioso; também destes momentos é o Hospital Psiquiátrico.

Cumpriu operoso relacionamento com o Judiciário, pois a promoção de juízes e para o Tribunal de Alçada, como a questão remuneratória, transitava pela Secretaria da Justiça, o que culminou com a outorga do Mérito Judiciário ao Governador Euclides Triches, sendo Octavio sócio jubilado da AJURIS e da OAB.

Quando visitou Trier, na Alemanha, em 1973, voltou impressionado com a Escola Nacional da Magistratura que ali funcionava e transmitiu tal impressão a seu ex-colega, então Presidente do Tribunal de Justiça, Des.Bonorino Butelli, que determinou estudos para algo similar no Estado, plantio da prestigiada Escola Superior da Magistratura deste Estado.

Eleito e empossado como Deputado Federal em 1975, retorna para ocupar a Secretaria de Obras e Viação (1975/78), voltando ao Congresso em maio de 1978 até a conclusão do mandato em 1979.

Mercê da destacada vida pública, é escolhido como Vice-Governador do Estado (15.03.79), o que desempenha com igual fulgor até 1983.

Como Presidente do CONPETRO (1979/1983), entidade que enfeixava os estudos para a instalação de um Pólo Petroquímico no Rio Grande, efetua muitas viagens para os Estados Unidos, Japão e Europa, na investigação da experiência internacional no setor, recolhendo preciosos subsídios que desembocaram no êxito daquele empreendimento.

Embora poderosos interesses desejassem fixar o Pólo em outra parte da Federação, as lutas do Governo, Deputados e forças empresariais, com a mediação política de Octavio, demoliram as resistências federais, tendo o Conselho de Desenvolvimento Econômico da Presidência da República, em sessão de 27 de agosto de 1975, sacramentado a localização do III Pólo Petroquímico brasileiro no território do Rio Grande do Sul, eis que "tal escolha, que veio ao encontro dos anseios do povo gaúcho, manifestado por suas forças políticas e econômicas, conforme considerandos da própria decisão do CDE, levou em conta, de forma balanceada, os fatores concretos relacionados com as perspectivas de oferta e demanda de produtos petroquímicos, suprimento de matérias primas, mercado, recursos humanos e financeiros, e analisou, igualmente, os aspectos gerais da política industrial, tais como a desconcentração industrial e atenuação dos desníveis regionais, melhoria da qualidade de vida e fortalecimento do empresário nacional ...".

Aí está o complexo que enobrece o pampa onde se produz polietileno de diversas densidades, polipropileno, monocloreto e policloreto de vinila, etilbenzeno, óxido de propeno, poliestireno, propilenoglicol e borracha sintética, base para a fabricação de embalagens, sacarias leves e industriais, filmes plásticos, tubos e conexões, artefatos de borracha, etc.

Em missão seguinte, é apontado para a Presidência da Caixa Econômica Estadual (1983/1986), transformando a autarquia numa das mais destacadas do país, combatendo a intenção do Banco Central de extingui-la como as demais do país; e ali realizando expedientes administrativos que enriqueceram a poupança dos pequenos depositantes e dos funcionários públicos, notadamente com ênfase nos projetos imobiliários que garantissem vivenda aos menos abonados.

Como prova de seu destaque, exerceu a Presidência da Associação das Caixas Econômicas brasileiras, a que foi reconduzido algumas vezes.

E na senda deste reconhecimento nacional, apoiado na transparência de sua vida pessoal e política e no sucesso como gestor, foi guindado à Direção Administrativa das Furnas Centrais Elétricas do Rio de Janeiro, que habitou entre junho de 1993 a maio de 1996, passando, depois a se dedicar às empresas familiares e ao conselho político, onde desponta pelo critério e sabedoria, sem nunca perder o viés da atividade, como patenteiam as constantes ações que pratica ou a repetida popularidade que usufrui.

A política, e regresso às palavras de Osvaldo Aranha, não é como pode parecer, a visão errada dos fatos, a razão das desgraças, a corruptora dos costumes, a confusão das leis, a mentira da República, mas ciência que exige do homem mais trabalho, conhecimento, observações, esforços, sacrifícios, amor: é verdade que pode servir à ruína, mas por seus fundamentos, é por excelência a escola do altruísmo, a razão suprema da estabilidade das instituições, a lei moral das nações, a bússola que orienta o homem na sociedade, a luz do farol que ilumina o fanal das multidões, a estrela que conduz os povos ao abrigo da paz, a mãe comum dos cidadãos.

A biografia de Octavio Badui Germano é um hino de louvação ao interesse público, um sacerdócio de dedicação febril ao bem comum, a elegia da coerência, a eficácia do gestor que zela pelo tesouro do povo, em intenção de sua felicidade.

Atentos à conduta e instigados pelo cânone, juristas e professores que integram a presente obra resolveram homenageá-lo com estudos atinentes à administração pública, forma singela de sedimentar a magnitude do modelo, e para que se perpetue um exemplo de cidadania.

José Carlos Teixeira Giorgis
Desembargador. Professor

— 1 —

Controle dos atos vinculados e discricionários à luz dos princípios fundamentais

JUAREZ FREITAS

Professor Titular e Coordenador do Pós-Graduação em Direito da PUCRS,
Professor da UFRGS e da Escola Superior da Magistratura - AJURIS,
Presidente do Instituto Brasileiro de Direito Administrativo - IBDA, Membro
da Diretoria de Pesquisa do Conselho Nacional de Pesquisa e Pós-Graduação em Direito,
Conselheiro Científico da Sociedade Brasileira de Direito Público,
Presidente do Conselho Editorial da Revista Interesse Público,
Advogado, Consultor e Parecerista.

Sumário: 1 Introdução; 2. Ato administrativo vinculado; 2.1. Conceituação; 3. Ato administrativo discricionário. O dever de motivar; 4. Controle dos atos administrativos propriamente vinculados e dos atos de discricionariedade vinculada aos princípios fundamentais; 5. Conclusões.

1. Introdução

Todos os atos, ao menos por exclusão ou mediatamente, são juridicamente relevantes, sobremodo se exteriorizações de vontade. Com efeito, os atos jurídicos em geral são emanações unilaterais de vontade, admitidas licitamente à luz de determinada ordem positiva. Caracterizam-se os atos administrativos como aqueles atos jurídicos expedidos por agentes públicos (incluindo os que atuam por delegação) no exercício das atividades de administração (inconfundíveis com os atos jurisdicionais ou legislativos), cuja regência, até quando envolvem atividade de exploração econômica, há de ser matizada por normas juspublicistas, pois qualquer atuação estatal somente se legitima se imantada pelos princípios fundamentais de Direito Público, que devem reger a rede das relações jurídico-administrativas.

Pode-se, pois, conceituar ato administrativo como *declaração unilateral*[1] *da Administração Pública "lato sensu" ou de quem exerça atividade delegada, de natureza infralegal, com o fito de produzir efeitos no mundo jurídico.* São requisitos de validade a competência (irrenunciável, exceto nas hipóteses legais de avocação e de delegação), a finalidade pública (em harmonia com a totalidade dos princípios, inclusive com o que veda a inoperância), a forma prescrita em lei (sem sucumbir a formalismos absurdos), a motivação congruente (indicação dos fatos e dos fundamentos jurídicos) e objeto determinável, possível e lícito.[2]

Nesse contexto, mister rever as categorias da vinculação e da discricionariedade, em seus grandes traços,[3] com o objetivo de adequá-las às

---

[1] A favor da unilateralidade, vide, entre outros, René Chapus, *in Droit Administratif Général.* Tome I, Paris: Monthchrestien, 199, p.467, bem distinguindo atos e contratos. De sua vez, no novo Código Civil, vide arts. 104 (versando sobre negócio jurídico) e 185 (tratando de atos jurídicos lícitos que não são negócios jurídicos).

[2] Harmut Maurer *in Droit Administratif Allemand,* ob. cit., pp. 245-250, discorre sobre as exigências para a) legalidade formal dos atos administrativos (competência, procedimento, forma e motivação, que, em nosso enfoque, é requisito material) e b) legalidade material (conformidade da lei com os princípios jurídicos, habilitação, ausência de vício no exercício do poder discricionário, proporcionalidade, precisão no seu conteúdo, possibilidade material e jurídica).

[3] Entre nós, Celso Bandeira de Mello, *in Discricionariedade e Controle Jurisdicional.* São Paulo: Malheiros Editores, 1993, p. 10, já propôs que sejam revisitados aspectos da discricionariedade, assumindo novas premissas, para solucionar umas tantas questões relativas à extensão da mesma. Nessa monografia, a propósito, depois de recordar que a atividade administrativa é sempre sublegal e ancilar (p. 50), destaca que se deveria falar em dever discricionário, antes que em poder (p. 15). Salienta, com acuidade, que a discrição não está no ato em si (p. 18) e aponta, na sua perspectiva, as "causas" normativas geradoras da discricionariedade, as quais decorreriam da hipótese da norma (pela descrição imprecisa do motivo), do comando da norma (pelo oferecimento de alternativas ao agente), e sustenta que pode resultar também da finalidade da norma (p. 19), expressando-se, sempre, no conteúdo do ato. Com pertinência, adverte - em linha confluente com o proposto neste estudo - que a discrição "é a mais completa prova de que a lei sempre impõe o comportamento ótimo" (p. 32), de sorte que a discricionariedade administrativa "não pode significar campo de liberdade para que o administrador, dentre as várias hipóteses abstratamente comportadas pela norma, eleja qualquer delas no caso concreto" (p. 36). Assim, mantendo o conceito habitual de mérito, deixa insofismável que deve haver uma "intensificação e ampliação da investigação dos atos administrativos, porque as autoridades controladoras de legitimidade deixarão de se sensibilizar pelo argumento, 'prima facie' (mas apenas 'prima facie') impressionante, de que a norma permitia a conduta 'A' ou 'B' (....). Deixar-se-á de aceitar esta afirmação como um empeço, como um embargo, ao exame do ato" (p. 44). E - o que é mais importante para pôr em paralelo com a nossa proposta assentada na distinção sistemática entre princípios e regras - deixa consignado que, no referido controle, o campo de liberdade discricionária pode ser convertido em necessidade: "E, portanto, que o comportamento, afinal, era 'in concreto' um comportamento obrigatoriamente vinculado" (p. 44), devendo o administrador, no exercício da discricionariedade, "eleger, segundo critérios de razoabilidade, um, dentre pelo menos dois comportamentos cabíveis, perante um caso concreto, a fim de cumprir o dever de adotar a solução mais adequada à satisfação da finalidade legal, quando, por força da fluidez das expressões da lei ou da liberdade conferida no mandamento, dela não se possa extrair objetivamente uma solução unívoca para a situação vertente" (p. 48). Há, portanto, vários pontos de convergência entre os enfoques, sobretudo pela preocupação comum (científica e concreta) de ver invalidados todos os atos que, com base na discrição, tenham simplesmente agredido o melhor Direito. Aliás, não por acaso, averbou que a razoabilidade, a proporcionalidade, a lealdade, a boa-fé e a igualdade devem funcionar como critérios de avaliação da "causa" do ato, concorrendo para "conter a discricionariedade dentro de seus reais limites" (p. 96).

contemporâneas compreensões filosóficas do Direito Administrativo, que, a cada passo, apartam-no das noções unidimensionais e reducionistas para surpreendê-lo na vertente predominantemente dialógica.[4] Em especial, tais noções demandam uma espécie de decifração renovada, que transcenda querelas semânticas e as distancie daquela via cognitiva estreita de outrora, já que invariavelmente a classificação quanto à liberdade na prática dos atos administrativos desborda de qualquer quadro estático ou inflexível, tantas as mudanças funcionais do Estado atual.

2. Ato administrativo vinculado

2.1. Conceituação

O ato administrativo vinculado aparece, para muitos, como aquele que o agente público, no âmbito da Administração "lato sensu", deixaria de ter qualquer liberdade, estando jungido a cumprir os comandos legais. Assim, as licenças para edificar ou as concessões de benefício previdenciário, verificados os pressupostos legais, teriam que ser conferidas necessariamente pelo administrador público, sem eventuais julgamentos de desconformidade do ato com a conveniência, segundo parâmetros subjetivos e parciais do agente. Não está errada essa visão. Apenas é incompleta. Em conseqüência da alta valorização do princípio da legalidade, exsurge, nessa visada, que o administrador teria o dever de agir sempre e apenas na sua estrita observância. Ora bem, ainda que correto, em parte, assim pensar, urge entender tal condicionamento com as devidas cautelas hermenêuticas e constitucionais. Ocorre que, mesmo nos atos vinculados, existe um campo de liberdade residual. Está claro e indisputável que há atividades administrativas fortemente ("plenamente") vinculadas, como sucede, expressamente, com a cobrança de tributos (CTN, art. 3°), mas a vinculação, no mundo concreto, está condicionada não só à legalidade, que afugenta os juízos de conveniência, senão que à totalidade daquelas alavancas de Arquimedes do Direito, que são os princípios constitucionais, entendidos na sua dimensão superior. Assim, *haverá de sempre ser tomado em consideração o princípio da legalidade, porém de modo jamais excludente ou inflacionado a ponto de depreciar ou desvincular a autoridade administrativa dos demais princípios.* A reserva legal não pode ser a

---

[4] Vide, a propósito, Anthony Giddens *in Para Além da Esquerda e da Direita.* São Paulo: Unesp, 1996, p. 130 e ss, ao propor a democracia dialógica e, ainda, a "democratização da democracia", apontando sugestivamente esferas do desenvolvimento para além da política formal: o campo da vida pessoal, os movimentos sociais e de auto-ajuda, a seara organizacional (citando Peter Drucker com a noção de organização baseada em responsabilidade) e o domínio internacional.

negação da fundamentalidade dos princípios.[5] *Tampouco deve haver subsunção automática* da lei ao caso, que pudesse implicar, por exemplo, uma despreocupação com a manifesta inconstitucionalidade da lei vinculadora. Dito de outra maneira, a vinculação, em si mesma, precisa ser ponderadamente revista, cuidando-se de evitar a falácia, que remonta à escola de exegese, de que os sistemas, mormente as codificações, serviriam de guias ou prontuários repletos e não-lacunosos para a solução dos casos, cabendo ao aplicador um papel subalterno de, à semelhança de simples maquinaria, aplicar comandos prévios e exteriores, na linha do que sustentam, ainda hoje, os originalistas imoderados.

Em outras palavras, como se percebe facilmente, força evitar uma exacerbada desconfiança na ação de autocontrole do agente estatal, dado que se teme que ele poderia resvalar, tanto na seara administrativa como na jurisdicional, para o repulsivo arbítrio. O temor, no entanto, não pode ser impedimento da boa ação. Em face da referida exacerbação de desconfiança, a escolha de parte da doutrina e da jurisprudência foi a de considerar que a liberdade, juridicamente relevante, deveria ser anulada ou deixada fora do alcance, como se houvesse espaço juridicamente vazio. Tal maneira de ver as coisas tornaria o agente público, por assim dizer, servo ("res") da legalidade, fazendo-o, não raro, por apreço cômodo à escravidão, negligenciar outros comandos principiológicos rigorosamente indescartáveis e da mesma estatura hierárquica da legalidade. Convém abolir semelhante maneira de pensar, de agir e de controlar.

De outra parte, justo dar ênfase à natureza sublegal ou infralegal do ato administrativo. Contudo, também aqui há temperamentos. Requer-se uma esclarecida e alargada recepção para evitar terríveis enganos. Outra vez, o engano maior estaria em supor que a vinculação se dê inteira e exclusivamente em relação ao princípio da legalidade, quando é claro que deve ser mais abrangente, vale dizer, o ato administrativo deve estar harmonizado com o plexo de princípios, sendo este uma tarefa irrecusável do controlador do Direito Administrativo. Com pertinência, Hans Julius Wolff e Otto Bachof[6] assinalaram que cada abstrata ou concreta criação

---

[5] Vide Reinhold Zippelius *in Teoria Geral do Estado*. 3ª ed., Lisboa: Fund. Calouste Gulbenkian, 1997.

[6] *In Verwaltungsrecht*. Vol. I, München: C. H. Beck'sche Verlag, 1974, p. 186: "Jede abstrakte oder konkrete Rechtserzeugung steht zwischen den Polen völliger Freiheit und strenger Gebundenheit, ohne diese äussersten Möglichkeiten je zu verwirklichen". Em sede jurisprudencial, devem ser colacionados os julgados que seguem para ilustrar que o ato vinculado de anulação deve ser contido por limites superiores. Por exemplo: "O poder de a Administração Pública anular seus próprios atos não é absoluto, sob pena de malferir, como na hipótese, os princípios da ampla defesa e do devido processo legal. Por isso, inválido de pleno direito o ato que anula outro sem preceder ao processo administrativo exigido como condição para que o servidor estável possa perder o cargo" (STJ, RMS 928, *RDA* 193/136). Na mesma linha: "De acordo com a moderna doutrina do Direito Administrativo, os atos administrativos, constitutivos de direitos, considerados ilegais não podem ser suprimidos de forma

de Direito se situa entre os pólos da inteira liberdade e da rigorosa vinculação, sem que as extremas possibilidades jamais se realizem. Não se tocam em nenhuma hipótese. Com efeito, nem o sistema jurídico é autoregulável por inteiro – ainda que completável –, tampouco a liberdade é absolutamente franqueável ao agente público por habilitação legal. Terse-á, pois, que controlar o ato administrativo como estando, em maior ou menor intensidade, vinculado não apenas à legalidade, senão que à totalidade dos princípios regentes das relações jurídico-administrativas, mormente os de vulto constitucional.[7] *Por exemplo, a atividade administrativa (nem tão plenamente) vinculada de cobrar tributos não se pode furtar do respeito ao princípio da isonomia, entre outros.*

Em matéria de atos vinculados, deles se pode dizer que, havendo manifestos riscos de violações irreparáveis, ou de difícil reparação aos princípios, impõe-se deixar de praticá-los, por não se aderir à visão mecânica, exegética e automatista do princípio da legalidade ou, noutro viés, por compreender tal princípio na relativização patrocinada pela interatividade com os outros vetores consagrados pelo ordenamento. Acresce, por isso, que o controle dos atos administrativos haverá de se alargar, abrangendo, com maior rigor, a íntegra dos motivos dados (fundamentos de fato e de direito). Na mesma linha de maximização no âmbito do controle, a ação fiscalizatória do Poder Legislativo (CF, em especial arts. 49, V, e 71, § 1º) e dos Tribunais de Contas precisará ser exercida tomando a sério o conjunto dos princípios, inclusive e muito especialmente o princípio da

---

ilimitada, mas o seu anulamento está condicionado a uma consideração pela qual se estabelecerá uma comparação entre o interesse público e a proteção da confiança e da boa-fé dos administrados" (RO 90.04.15207-5-RS, RTRF-4ª 6/342). Ainda: "A regra enunciada no verbete 473 da Súmula do STF deve ser entendida com algum temperamento: no atual estádio do Direito brasileiro, a Administração pode declarar a nulidade de seus próprios atos, desde que, além de ilegais, eles tenham causado lesão ao Estado, sejam insuscetíveis de convalidação e tenham servido de fundamento a ato posterior praticado em outro plano de competência" (STJ, RMS 407, *RDA* 184/113).

[7] Apenas para enunciar a tábua de princípios fundamentais, em nossa visão: (a) princípio do interesse público e a correlata subordinação das ações estatais ao princípio da dignidade humana; (b) princípio da proporcionalidade ou da adequação axiológica e da simultânea vedação de excesso e de inoperância ou omissões causadoras de sacrifícios desnecessários e inadequados; (c) princípio da legalidade ou do acatamento da Administração Pública ao Direito; (d) princípio da imparcialidade (ou impessoalidade), derivado do princípio geral da igualdade; (e) princípio da moralidade e seu descendente subprincípio da probidade administrativa; (f) princípio da publicidade ou da máxima transparência; (g) princípio da confiança ou da boa-fé recíproca nas relações de administração; (h) princípio da segurança jurídica associado ao princípio da motivação; (i) princípio da ampla sindicabilidade dos atos, contratos e procedimentos administrativos, associado ao princípio da participação; (j) princípio da unicidade da jurisdição ampla e conseqüente não-cerceamento do acesso ao Poder Judiciário em casos de lesão ou ameaça de lesão a direitos do cidadão ou da Administração Pública; (k) princípio da eficiência ou da economicidade e da otimização da ação estatal; (l) princípio da legitimidade; (m) princípio da responsabilidade objetiva da Administração Pública e dos entes prestadores de serviços públicos, associado ao princípio da precaução, válido não apenas na esfera ambiental; (n) princípio da intervenção essencial que determina o dever do Estado de promover, de imediato, a tutela do núcleo dos direitos fundamentais.

economicidade, cujo prestígio deverá ser francamente estimulado, mormente nas suas conexões com o princípio da proporcionalidade.

Nesse prisma, o modelo de vinculatividade haverá de ser tão subordinado à otimização global do sistema, holisticamente considerado, quanto deve sê-lo o da discrição, sem diferença de fundo. Com efeito, o sistema jurídico molda a decisão do agente público e este molda o sistema, necessariamente numa via dupla, irrenunciável à busca prudente das generalizações que evitem a trivialidade de se pretender uma aplicação do Direito como passiva função subsuntiva. A vinculação é uma necessidade condicionada pelo sistema jurídico aberto e, de conseguinte, muito mais forte e profunda do que supõem os que a consideram mero extrato da legalidade.

Com acerto, pondera Hartmut Maurer:[8] "A Administração dependente da lei será determinada e dirigida de acordo com regras jurídicas especiais. A vinculação à lei pode estar sujeita a diferentes intensidades. Ela pode ser estrita, com a conseqüência de que a Administração deverá agir em relação estrita com os pressupostos fáticos colocados diante de si pela lei (Administração vinculada ao Direito). Ela pode, contudo, estar desvinculada e, nesse caso, a Administração, colocada diante dos pressupostos fáticos, permanece com uma determinada discrição (Administração discricionária). (...), embora fique subentendido que deverão ser respeitados os limites gerais do Direito e as vinculações da Administração à lei em geral (competência, direitos fundamentais, princípios gerais do Direito Administrativo)". Mais: ainda que em abordagem epistemológica bem distinta, o próprio Kelsen[9] notou que a univocidade, sob determinado aspecto, é incompatível com a natureza elástica e móvel do sistema jurídico. Não por acaso, Merkl,[10] igualmente em prisma diverso, percebeu que a distinção

---

[8] *In Allgemeines Verwaltungsrecht.* München: C. H. Beck'sche Verlagsbuchhandlung, 1985, p. 10: "(a) Die gesetzeabhängige Verwaltung wird durch besondere gesetzliche Regelungen bestimmt und geleitet. Die Gesetzesbindung kann unterschiedliche Intensität aufweisen: Sie kann strikt sein mit der Folge, dass die Verwaltung bei Vorliegen der gesetzlichen Tatbestandsvoraussetzungen entsprechend tätig werden muss (sog. rechtlich gebundene Verwaltung). Sie kann aber auch gelockert sein, indem der Verwaltung bei Vorliegen der Tatbestandsvoraussetzungen ein bestimmtes Ermessen verbleibt (Ermessensverwaltung). (...), wobei sie selbstverständlich die allgemeinen rechtlichen Grenzen und Bindungen einhalten muss (Zuständigkeitsvorsschriften, Grundrecht, allgemeine Grundsätze des Verwaltungsrechts)".

[9] *In Teoría General del Estado.* Trad. de Luís Legaz y Lacambra, Madrid: Editorial Labor, 1934, p. 317: "La determinación de los grados inferiores por los superiores nunca puede ser completa, siempre tiene que surgir en las normas de orden inferior algún momento material que falta en las normas superiores; pues de otro modo sería imposible todo avance en el proceso de creación jurídica, y la creación de normas individuales sería superflua. También entre el concepto abstracto y la representación concreta tiene que haber alguna diferencia material. Esta diferencia, necesaria entre los grados superiores e inferiores de la concreción jurídica, constituye lo que se llama facultad discrecional". Para um exame crítico e aprofundado, vide Juarez Freitas in "Repensando a contribuição de Hans Kelsen à Teoria Geral do Direito", Veritas 38/441-449.

[10] *In Teoría General del Derecho Administrativo.* Madrid: Editorial Revista de Derecho Privado, 1935, pp. 188-189: "Si el derecho objetivo preexistente y preformado supuesto por el proceso de

entre atos discricionários e condicionados não pode ser absoluta. É que o sistema se apresenta, por assim dizer, dotado de uma conformação plástica derivada da imbricação dos princípios, agasalhando múltiplas possibilidades legítimas de escolha, mesmo naquelas hipóteses em que a rigidez aparenta sugerir a adoção de uma solução única ou plenamente vinculada. Trata-se tão-somente de uma ilusão de ótica, uma vez que a aludida vinculação se dá, em suma, em face da totalidade das diretrizes supremas.

3. Ato administrativo discricionário. O dever de motivar

Discricionariedade, em Direito Administrativo, tem sido identificada com a liberdade (derivada da natureza aberta ou da teleologia dos comandos jurídicos) para a emissão de juízos de conveniência ou de oportunidade quanto à prática de determinados atos. Ernst Forsthoff descrevia o poder discricionário como significando que a ordem jurídica tem por conforme ao Direito tudo o que for julgado oportuno pela Administração.[11] Nada obstante, cuidou de ressalvar que tal poder deveria ser exercido de acordo com o interesse geral, e que a Administração não deveria agir segundo seu bel-prazer, nem de modo arbitrário.[12]

---

producción y de aplicación del Derecho representa la determinante heterónoma para el órgano productor o aplicador del Derecho, mientras que la libertad discrecional representa su complementaria determinante autónoma: actos que concretan el Derecho son, en virtud de su determinante objetivo heterónoma, actos de vinculación jurídica, y en virtud de su determinante subjetivo autónoma, actos de libertad discrecional, y, de este modo, se diferencian 'con respecto a la libertad discrecional, no en principio sino en grado, no cualitativa sino cuantitativamente' (Kelsen). Por lo tanto, la distinción de actos discrecionales y actos condicionados no es una distinción absoluta, sino que representa, en el fondo, por un lado, un grupo de actos en que la norma jurídica condicionante resalta de tal modo que parece desaparecer el elemento discrecional, y por otro, aquellos actos en que esta discreción sobresale visiblemente". "Existen infinitos grados de condicionamiento jurídico y de libertad discrecional (...)" (p. 189).

[11] *In Lehrbuch des Verwaltungsrechts.* München: C. H. Beck'sche Verlag, 1973, p. 95: "Ermessen bedeutet also: die Rechtsordnung lässt jedes für sachdienlich erachtete Mittel als rechtmässig gelten".

[12] Idem, ob. cit., p. 97: "Das Ermessen ist pflichtgebunden. (...) die Verwaltung weder nach Belieben noch nach Willkür verfahren dürfe". Saliente-se que Ernst Forsthoff (ob. cit., pp. 158-176) abre sua exposição acerca dos "princípios de aplicação do Direito" ("Grundsätze der Rechtsanwendung"), na órbita da Administração Pública, pondo em realce, desde logo, que o Direito Administrativo é "dominado pela finalidade" ("zweckhaften"). Dessarte, o "aparato conceitual" ("Begriffsapparat") do Direito Administrativo derivaria, em larga medida, de acordo com Forsthoff, das "criações de finalidades" ("Zweckschöpfung"), abrindo ensejo - sobretudo depois dos estudos de Ernst Hippels - à introdução do "método teleológico" ("teleologische Methode") de interpretação, bem como o natural e correlato abandono de certo tipo de positivismo jurídico. Forsthoff, contudo, leva até as últimas conseqüências a opção pelos fins, adverte, numa contraditória postura, que a interpretação teleológica não poderia ser empregada em todos os casos ("Das ist jedoch nicht allerwärts der Fall"), pois o Direito moderno, recebendo o influxo da "Justiça social" ("sozialen Gerechtigkeit") e, por conseguinte, da "Justiça comutativa e distributiva", não se deixaria "racionalizar" ("Rationalisierung") por inteiro, já que a própria idéia de Justiça, na dicção do autor, não seria um fim ("die Gerechtigkeit

Ressalvas à parte, parece inegável que o Direito, de há muito, vem admitindo, em circunstâncias várias, tal escolha ou discernimento mediante o uso de multicritérios políticos do administrador, notadamente na seara das políticas públicas e da ação estatal planejada. Nos dias que correm, entretanto, com a feliz expansão da sindicabilidade (decorrente dos princípios), tudo indica que devem ser afastados os critérios exclusivamente políticos, dada a natureza jurídica dos atos emanados legitimamente pela autoridade, inclusive no campo das políticas públicas e de planificação. Vai daí que não merece prosperar a escolha não-fundamentável juridicamente. *O mérito (relativo a juízos de conveniência ou de oportunidade) pode até não ser diretamente controlável, em si, mas o demérito o será sempre.* Nada obstante, ainda se cogita da autorização como ato discricionário e precário, revogável sumariamente, de específica alçada da Administração, porque o seu motivo concerniria à esfera dos juízos de oportunidade. Ora, para manter o exemplo, os efeitos constitutivos das autorizações forçam uma revisão parcial dessa visão. Noutro exemplo, a desistência da desapropriação também é vista como discricionária, mas felizmente já se reconhece que há hipóteses de inviabilidade ou que devem ser ressarcidos os danos eventualmente causados. A seu turno, nas licitações, ter-se-ia a possibilidade discricionária de revogação, em boa hora insofismavelmente mitigada pelo próprio legislador, exigindo-se que haja motivação calcada em fatos supervenientes.

Se se examinar, detidamente, cada um dos exemplos colacionados, ver-se-á que a autoridade administrativa, em realidade, jamais desfruta de liberdade pura de escolha ou de conformação a ponto de agir em desvinculação com os princípios constitucionais, ainda que a sua atuação guarde - eis ponto focal - uma menor subordinação à legalidade estrita do que na concretização dos atos vinculados. Em outras palavras, qualquer ato discricionário que se torne lesivo a um dos princípios fundamentais pode e deve ser anulado. Mais: são os atos discricionários, sob certo aspecto, aqueles que mais rigorosamente, no exercício do controle jurisdicional, devem ser controlados, não para tolher o administrador público, muito menos para usurpar as suas funções, mas para, dentro dos limites razoá-

---

kein Zweck ist"). Para Forsthoff, a interpretação teleológica apenas se justificaria na medida em que o Direito fosse racionalizável. Só o que é dominado pelo fim poderia ser enfocado a partir de um ponto de vista funcional ("Jedenfalls bleibt zu beachte, dass das Anrecht der teleologischen Methode so weit reicht, wie die Rationalisierung des Rechtes geht. Nur was zweckhaft gestaltet ist, kann auch nach Zweckgesichtspunkten begriffen werden"). Parece não ter percebido que a busca da Justiça, sempre associada aos princípios jurídicos - entre os quais o da Justiça social -, constitui, precisamente, a única garantia de racionalização dialógica e aberta do sistema. A propósito, vide capítulo sobre o princípio da hierarquização axiológica no meu *A Interpretação Sistemática do Direito*, 3ª ed., São Paulo: Malheiros. 2002. Com efeito, somente a exegese guiada por princípios permite que a ordem jurídica, a cada passo, seja modelada, finalisticamente, pelos valores prioritários agasalhados na Constituição - fonte maior de racionalização para todas as esferas do Direito.

veis, coibir não apenas a impunidade de manifestos desvios de poder como motivações destituídas de consistência e ações insuficientes.

Inexiste, como bem advertia Georges Vedel,[13] a pura discricionariedade, nem a pura vinuclação. ("l'Administration ne se trouve jamais dans une situation de pur pouvoir discrétionnaire ou de pure compétence liée. Il n'y a jamais pur compétence liée: (...). Mais surtout, il n'y a jamais pur pouvoir discrétionnaire"). Tome-se, outra vez, o exemplo da desistência expropriatória. Imagine-se que o administrador visasse a favorecer apaniguados: ainda que formalmente perfeita, a quantos outros princípios constitucionais de Direito Administrativo estaria violando? Assim, se é certo que o conceito de discricionariedade - liberdade para emitir juízos de conveniência ou de oportunidade - nada tem a ver com a idéia de arbitrariedade, a escolha precisa acontecer no quadro das fundamentações ou *justificativas racionalmente universalizáveis*, de sorte que o administrador resulta obrigado a optar pela melhor fundamentação decisória. Há até quem prefira, em lugar do melhor, pretender o ótimo, na expressão de Norbert Achterberg ("... müssen in jeder der zuvor genannten Weisen optimal erbracht werden").[14] Como quer que seja, até uma revogação ou uma autorização merecem, no plano concreto, um controle que verifique a melhor adequação à vinculante finalidade sistemática.

Com efeito, a maximização do interesse público, sem ser facilmente objetável subproduto do utilitarismo, mostra-se vital para que as escolhas do agente público sejam vistas segundo um padrão objetivo de racionalidade, ainda que somente se logre alcançá-la analogicamente. Na empiria, em vez disso, tem-se assistido a noção de discricionariedade servir de

---

[13] *In Droit Administratif.* Paris: Presses Universitaires de France, 1973, pp. 318-319. Entre nós, é de recordar Víctor Nunes Leal, *in Problemas de Direito Público.* Rio: Forense, 1960, p. 281: "Conquanto não haja atos integralmente discricionários, entretanto, para a prática de certos atos administrativos a Constituição e as leis costumam reservar à Administração Pública uma opção de conveniência e oportunidade. A opção de conveniência e oportunidade é que constitui o conteúdo discricionário do ato, mas, salvo no tocante a esse ponto, o ato administrativo, em tudo o mais, se deve considerar vinculado". Na mesma senda, a judiciosa asserção, alicerçada na observação da prática administrativa, de Caio Tácito, *in Direito Administrativo.* São Paulo, Saraiva, 1975, p. 65: "Não há, rigorosamente, nenhum ato totalmente vinculado ou totalmente discricionário. Existem matizes de predominância, mais ou menos acentuados, dando relevo à parte livre ou à subordinada da manifestação administrativa. O equívoco da doutrina clássica estava em considerar o ato administrativo como um todo indivisível e, sob essa unidade, qualificá-lo em uma ou outra daquelas categorias. Se nos detivermos, porém, na análise de sua criação, poderemos concluir, facilmente, que a vinculação ou a discrição se manifesta no tocante a cada um dos elementos essenciais do ato". E averba: "À liberdade optativa da Administração se sobrepõe, no entanto, o elemento de finalidade. Na escolha do objeto não se limita o agente a apreciar os antecedentes do ato, ou seja, os fatores objetivos que requisitam a ação administrativa. Ele determina o seu procedimento levando em conta, especialmente, o alcance da competência, os fins públicos que justificam a sua interferência. Ele age em relação aos motivos para realizar os fins legais. (...) A finalidade é, em última análise, um elemento sempre vinculado, que não comporta apreciação discricionária" (p. 67).

[14] *In Allgemeines Verwaltungsrecht.* Heidelberg: C. F. Müller Juristicher Verlag, 1982, p. 78.

refúgio para o devastador arbítrio, nem sempre de fácil ataque pelas vias assecuratórias atuais. Direitos fundamentais continuam sendo sufocados em nome da discrição, embora a Constituição tenha sido generosa ao estabelecer o catálogo aberto de tais direitos. O desafio do controlador, pois, consiste em dar efetividade a esses direitos fundamentais, sobrepassando as barreiras trazidas pelas preocupações baseadas em custos, ao menos no tocante ao núcleo essencial.[15]

---

[15] Em exame de eventual vício no exercício da discricionariedade, não há lugar para eficácia apenas mediata de direito fundamental, em seu âmago. A tutela dos direitos fundamentais, portanto, deve servir para, entre outras objetivos, coibir restrições ou omissões indevidas do Poder Público. A própria idéia de ordem pública deve ser entendida à luz do princípio da moralidade e das exigências do princípio da dignidade humana. Adentrando mais especificamente na temática dos direitos fundamentais do cidadão em face da Administração, sem exacerbar o garantismo, convém ter presente desde logo, alguns exemplares direitos: a) direito fundamental a procedimento administrativo justo, isto é, o cidadão tem o direito ao "due process of law", em sentido formal e substancial, chave em nosso sistema. Entre outros aspectos, a fundamentalidade desse direito supõe o reconhecimento de garantia elementar à existência mesma do processo administrativo, mesmo nos mais remotos municípios, com as garantias do contraditório e da ampla defesa. O argumento de que seria impossível não merece prosperar. Ora bem: se há Poder Público, o direito ao processo administrativo tem de ser assegurado. A argumentação econômica de inviabilidade fática conspira contra si mesma. Não se infirma a fundamentalidade de um direito por sua difícil concretização. Gradualmente, deve-se rumar para a efetividade, não se devendo desistir, em momento algum, da reiterada proclamação e da insistente defesa do direito fundamental. b) outro direito fundamental que reclama simultânea e dialética afirmação entre nós é o direito à motivação das decisões administrativas. Trata-se de exigência de racionalidade intersubjetiva e pressuposto de um mais dilatado controle do demérito do ato administrativo, isto é, da inconsistência ou da insuficiência dos motivos dados. Por exemplo, a majoração de alíquotas de IPI deve ser consistentemente motivada. Assim, a imperativa motivação, uma vez assimilada, implica uma revisão crítica da noção de discricionariedade, no sentido de se negar sistematicidade a qualquer decisão de conveniência e de oportunidade, salvo nas hipóteses de exceção constitucional e nos atos de mero expediente. Como se defende neste estudo, restará vinculado o administrador aos motivos dados, de sorte a serem estes plenamente controláveis. O Poder Judiciário exercerá, então, num espectro bem mais largo do que o habitual, o controle na condição de "administrador negativo", sem usurpar competências administrativas e, simultaneamente, sem declinar das responsabilidades inerentes à condição de controlador derradeiro em sua elástica extensão. Além disso, compreendido numa hermenêutica ontológica, significa o fim da discricionariedade pura (na realidade, arbitrariedade), tão equivocada como a crença de que, mesmo no campo da legalidade estrita, haveria automatismo na vinculação pura. Igualmente, haverá maior congruência com a Constituição, de modo que o cumprimento de comando legal manifestamente inconstitucional não se mostra adequado, o que acarreta uma postura do administrador menos passiva ou servil, em matéria de salvaguarda do primado da constitucionalidade. De fato, a Administração não realiza tecnicamente o controle peculiar (produtor de coisa julgada) de natureza judicial, mas precisa controlar a constitucionalidade, no sentido de, por exemplo, não resistir à declaração de constitucionalidade em sede concentrada, mesmo em liminar, quando beneficiária do contribuite, assim como está obrigada a resistir, de seu modo, isto é, via argüição imediata, no que atine a leis manifestamente inconstitucionais. Outro a merecer ênfase, nesta quadra histórica, é o direito fundamental do cidadão à lealdade da Administração Pública. Esta precisa respeitar a presunção de boa-fé. Ademais, não se pode seguir adotando manobras procrastinatórias, na esfera administrativa ou jurisdicioanal, sendo que, neste último caso, se o fizer, estará cometendo, de maneira direta ou indireta, a referida "Contempt of Court", figura introduzida no art. 14 do CPC. Também não devem tardar as Súmulas Administrativas, as quais, sobre serem úteis à economicidade, representam preservação da lealdade e consideração à harmonia dos poderes. Merece destaque, ainda, o direito fundamental à transparência, consagrado, por exemplo, no art. 150, § 5º, da Constituição, pois falta muito para vê-lo efetivamente respeitado. Para tanto, providências urgentes precisam ser tomadas, tais como reduzir ou eliminar o cipoal

Grande parte dos equívocos, nessa matéria, repousa no acrítico emprego dos vocábulos, às vezes com grande imprecisão lingüística, outras vezes com apropriação intencionalmente desviada. De conseguinte, imperativo esclarecer que, dada a subordinação dos agentes públicos à lei e ao Direito, *a discricionariedade resulta invariavelmente vinculada aos princípios constitutivos do sistema e aos direitos fundamentais.*[16]

Nesse diapasão, o paralelo da atividade do administrador com a do julgador pode ser extremamente elucidativo, apto a contribuir para o desiderato da afinação conceitual. Estava certo Jean Rivero[17] ao asseverar, enfaticamente, que mesmo os atos mais vinculados guardam um mínimo de discrição ("Il n'existe plus d'acte administratif entièrement discrétionnaire. (...) Même dans les actes les plus liés par la règle de Droit, l'Administration conserve un 'minimum' de pouvoir discrétionnaire (...)". Ao se examinar, *v.g.*, a antecipação da tutela, na esfera judicial , bem se nota que o julgador não está livre para fazê-lo (art. 273, § 1º, do CPC), pois somente

---

legislativo, explicitar, nos produtos e serviços, sempre que viável, o peso da carga tributária, não apenas de impostos e assim por diante. Em íntima associação, tem-se o direito fundamental à participação, decorrência do princípio democrático (art. 1º da CF), em sua feição direta e indireta. Este direito reclama o fortalecimento de participação direta do contribuinte na fixação das políticas públicas e na devida implementação. Na esfera administrativa, a propósito, não contribui para a efetividade do direito em tela a existência do chamado recurso hierárquico em relação às decisões do Conselho de Contribuintes. Este direito, se respeitado, mostra-se complementar ao direito à legalidade estrita em matéria tributária, esta última descendente do princípio da democracia representativa. Imperiosa, também, a luta pela efetividade do direito fundamental ao pagamento do tributo devido e proporcionalmente exigido, sem que se continue a confundir elisão e evasão, na prática. De outra parte, a regressividade deve ser combatida e a progressividade, entre outros limites, precisa esbarrar no princípio da proporcionalidade, em suas várias dimensões. Em íntima associação com os demais e, especialmente com o anterior, o direito fundamental à ação administrativa endereçada ao desenvolvimento sustentável (inferível, por exemplo, do art. 170 da CF).

[16] Hartmut Maurer, didaticamente, reconhece *in Manuel de Droit Administratif Allemand*, ob. cit., pp. 124-155) que as "quatro fases" de aplicação do direito pelas autoridades administrativas (pesquisa e determinação da situação de fato, interpretação e determinação do conteúdo das condições de fato postas pela lei para sua aplicação, a subsunção e a determinação da regra a aplicar) não estão separadas, mas ligadas entre si. De outra parte, entende que há poder discricionário da Administração (*Ermessen*) se esta puder, reunidas as condições de aplicação da lei, escolher entre diferentes modos de comportamento (p.127) Aponta os principais vícios no exercício do poder discrcionário: a) transgressão dos limites assinalados na disposição que conferiu o poder; b) não-utilização (ou subutilização) do poder discricionário ("Ermessensunterschreitung"); c) exercício defeituoso ("Ermessensfehlgebrauch") ou abuso e d) violação aos direitos fundamentais e aos princípios gerais de Direito Administrativo, aproximando-se, neste ponto, muito da presente abordagem. Todavia, admite a redução do poder discricionário a zero ("auf Null") e a atrofia de tal poder, quando enfatizamos apenas a atenuação da liberdade, em face dos argumentos expedidos. Faz também a distinção entre discricionariedade e noção jurídica indeterminada (*umbestimmter Rechtsbegriff*), optando, a partir da teoria da margem da apreciação, por manter a dicotomia entre discricionariedade, não sem hesitação, e conceitos indeterminados (p.149), estes amplamente controláveis pelos Tribunais, ainda que admita exceções (p.152). Como enfatizado, aqui há diferença de posicionamento a favor da ampla sindicabilidade quanto ao demérito do exercício do poder discricionário em sentido amplo.

[17] *In Droit Administratif*. Paris: Dalloz, 1973, p. 82. Vide, também, Teori Zavascki, *in Antecipação da Tutela*. São Paulo: Saraiva, 1997, p. 108.

poderá praticar tal ato de extrema gravidade se verificados os pressupostos, ainda que baseado em forte verossimilhança. Assim e em tudo, tanto o administrador como o julgador, que nunca são autômatos, jamais devem olvidar que estão *vinculados ao sistema e ao dever de uma consistente fundamentação.* A inteligência, aliás, do art. 93, X, da Constituição só pode ser a de que, "a fortiori", as decisões administrativas também precisam ser motivadas. Ambos, administrador e julgador, têm o dever de indicar fundamentos de fato e de Direito, exatamente em face da inafastável margem de subjetividade no mais vinculado dos atos, ainda quando se admitam, legalmente, os juízos de eqüidade ou de conveniência. Mais nítido se tornou a exigência em face da consagração do dever de motivação no plano infraconstitucional.

Sem maior hesitação, pois, devem os atos administrativos ser motivados, em analogia com o que sucede com os atos jurisdicionais, excetuados os de mero expediente e os ordinatórios de feição interna, quando autocompreensivos na sua expedição, e os que a Carta Constitucional admitir expressamente como de motivação dispensável (v.g. exoneração de ocupante de cargo em comissão). No mais, *tanto os atos administrativos discricionários como os vinculados devem ser motivados. E o administrador se vincula aos fundamentos que externar.* Em sintonia com essa orientação,[18] sobreleva e se faz inescapável o dever de motivar os atos discricionários. Com efeito, na perspectiva adotada, é exatamente na consecução desses atos administrativos que mais aparentemente reservam liberdade ao administrador, que se deve cobrar, com rigor máximo, a devida fundamentação. Além disso, mesmo que a lei (contra a qual, por certo, militariam indícios irretorquíveis de inconstitucionalidade) dispensasse a motivação dos atos discricionários, esta seria uma obrigatoriedade descendente diretamente da Constituição, mais precisamente do núcleo fundante dos princípios constitucionais. Em suma, aplica-se ao administrador, agente do Poder Público, o dever de motivação, expressamente atribuído aos juízes no exercício da tutela jurisdicional (e aos Tribunais, inclusive, no âmbito de suas decisões administrativas), sob pena de nulidade dos atos de discricionariedade vinculada ou propriamante vinculados, sempre que afetarem direitos.

---

[18] Vide Oswaldo Aranha Bandeira de Mello *in Princípios Gerais de Direito Administrativo.* Rio de Janeiro: Forense, 1979, pp. 527-529. Curiosamente, no entanto, parte da doutrina sustenta que apenas os atos vinculados é que deveriam ser motivados, quando parece clara, aqui, uma até menor necessidade (sem dispensa) lógica de fundamentação para alcançar o devido controle principiológico. Seja como for, já observou Antônio Carlos de Araújo Cintra, *in Motivo e Motivação do Ato Administrativo.* São Paulo: RT, 1979, a teoria do motivo e a da motivação servem para definir, "com mais precisão, o campo da discricionariedade administrativa e amplia-se a segurança do cidadão em face da Administração" (p. 191). Vide, sem falta, Germana de Oliveira *in*, "Obrigatoriedade da motivação explícita, clara, congruente e tempestiva dos atos administrativos", *Revista Interesse Público*, n. 8, 1999.

Tal proposição resulta irretorquível quando se aceita que na prática de todo e qualquer ato administrativo verifica-se *a inexistência de liberdade irrestrita*. A liberdade, negativa ou positivamente considerada, somente pode ser aquela que, por assim dizer, decorre da "vontade do sistema", bem como da sua abertura ou ínsita indeterminação. Esta, assinale-se de passagem, não é de pequena monta, pois são múltiplas e sugestivas as possibilidades de aplicação do Direito, ainda que reduzidíssimas no mais vinculado dos atos. Todas as possibilidades, em maior ou menor escala, contudo, devem guardar fundamentação na regularidade do sistema, para evitar dois fenômenos simétricos e igualmente nocivos: de uma parte, uma noção de vinculatividade dissociada da subordinação a outros princípios além do princípio da estrita legalidade e, de outra, uma noção de discricionariedade tendente a dar as costas à vinculação ao sistema, minando, pela arbitrariedade, a sua fundamentada abertura.

O desafio fecundo e rico consiste em, topicamente, tornar visível a vinculação como não-determinista, mas determinável pelo sistema na totalidade dos princípios, e, simultaneamente, a discricionariedade como não inteiramente descontínua e sem limites. O elo entre ambos os conceitos está na necessária e sempre exigível referência ao sistema jurídico, devidamente compreendido em suas feições contemporâneas de unidade e de abertura. Nunca se negligencie que, ultrapassando ambigüidades e dogmatismos unidimensionais, os fundamentos do raciocínio jurídico são, em larga medida, probabilísticos, ainda quando se cogite da mais estrita e contundente vinculação, sendo este um dos alicerces hermenêuticos do ampliado controle jurisdicional dos atos administrativos em geral.[19]

---

[19] Vide Germana de Oliveira Moraes, *in Controle Jurisdicional da Administração Pública*. São Paulo: Dialética, 1999. Vide, também, Robertônio Pessoa, *in Curso de Direito Administrativo*. Brasília: Consulex, 2000, p. 185. Vladimir Rocha França, *in Invalidação Judicial da Discricionariedade Administrativa*. Rio de Janeiro: Forense, 2000. Maria Sylvia Di Pietro, *in Discricionariedade Administrativa na Constituição de 1988*. São Paulo: Atlas, 1991. Lucia Vallle Figueiredo, *in* "Discricionariedade: Poder ou Dever?", *CDA/120*. Ao afastar corretamente a insidicabilidade judicial, vide Humberto Ávila, *in Teoria dos Princípios*. 3ª ed., São Paulo: Malheiros, 2204, p. 125. Vide, também, João Roberto Régnier, *in Discricionariedade Administrativa*. São Paulo: Malheiros, 1997. Luiz Henrique U. Cademartori, *in Discricionariedade Administrativa no Estado Constitucional de Direito*. Curitiba: Juruá, 2001. Mariano Bacigalupo, *in La discrecionalidad administrativa*. Madrid: Marcial Pons, 1997. António Francisco de Sousa, *in Conceitos Indeterminados no Direito Administrativo*. Coimbra: Almedina, 1994. Almiro do Couso e Silva ,*in* "Poder discricionário no Direito Administrativo Brasileiro". *BDA*, abril de 1991.
"A Razoabilidade e o Exercício da Discricionariedade" de Raquel Cristina Ribeiro Novais, *in EDA* 19.
"Vinculação e Discricionariedade nos Atos Administrativos", de Vladimir da Rocha França, *in RDA* 222/97.
"A Trilogia Motivo/Conteúdo/Finalidade do Ato Administrativo em face do Princípio da Razoabilidade", de Anna Paola Zonari de Lorenzo *in RTDP* 22/77.
"Conceitos Jurídicos Indeterminados". Celso Luiz Moresco, *RTDP* 14/78.
"Discricionariedade e Apreciações Técnicas da Administração", de César A. Guimarães Pereira. *in RDA* 231/217.

É insofismável que, subjacente à reflexão em torno da vinculação e da discricionariedade, desponta o conceito de aplicação das normas. Juristas há que, não raro, parecem não se dar conta de que se opera com algo mais do que simples silogismos, salvo se concebidos estes sob feições dialéticas. O sistema é mais do que a soma das suas normas, porque estas o excedem em suas potencialmente ilimitadas correlações. Numa perspectiva vitalizante e renovadora, em atenção às exigências de racionalidade intersubjetiva e dialógica, deve ser compreendido o sistema como uma rede axiológica e hierarquizada de princípios gerais e tópicos, de regras e de valores jurídicos cuja função é a de, evitando ou superando antinomias, dar cumprimento aos princípios e objetivos fundamentais do Estado Democrático, assim como se encontram consubstanciados, expressa ou implicitamente, na Constituição.[20] Imprescindível, nessa linha, proceder à distinção entre princípios e regras. Por princípio entende-se o critério ou a diretriz que se traduz numa disposição hierarquicamente superior, em termos axiológicos, em relação às regras, sendo guias de acordo com os quais se deverá conduzir o intérprete/controlador quando tiver de examinar a aplicação das normas, entendidas como preceitos menos amplos e axiologicamente dependentes.

Esposada esta compreensão do sistema,[21] admite-se, com naturalidade, que *só existe discricionariedade vinculada a princípios*, e, portanto, a antiga distinção forçosamente haverá de ser, no mínimo, abrandada, sem se deixar de classificar os atos administrativos consoante uma maior ou menor liberdade do agente, porém tendo presente que a distinção somente se explica pela maior ou menor vinculação ao princípio da legalidade estrita, compreendida como um dos princípios relevantes e autônomos. Princípio que reclama ser devidamente relativizado ou nuançado pelos demais.[22]

Afirmar-se a *discricionariedade vinculada* não significa dizer que nunca haverá juízo de conveniência, visto retrospectivamente, o que seria um erro lógico equiparável ao sofisma de Aquiles e da tartaruga. Simples-

---

[20] A propósito, vide meu *A Interpretação Sistemática do Direito*, 3ª ed., ob. cit. Vide também, por obséquio, o meu artigo "Funcionalismo e estruturalismo: diálogo com o pensamento jurídico de Norberto Bobbio", *Ajuris* 53/34-49, 1991.

[21] Não por acaso, eminentes teóricos do Direito sustentam que o processo de interpretação é uma espécie de tópica vinculada. O conceito assumido de sistema implica a reformulação do conceito de interpretação sistemática, como se procedeu na obra citada, com a conseqüente possibilidade de uma síntese epistemológica entre as visões da tópica jurídica e a dos defensores do pensamento sistemático, só aparentemente em contradição.

[22] Vide Eduardo García de Enterría e Tomás-Ramón Fernández *in Curso de Direito Administrativo*. São Paulo: RT, 1990, pp. 409-412: "Os princípios gerais do Direito (...) oferecem uma última possibilidade de controle da discricionariedade. (...:) Não tem sentido por isso pretender amparar-se em uma potestade discricional para justificar uma agressão administrativa à ordem jurídica, aos princípios gerais, que não só formam parte desta, senão muito mais, a fundamentam e a estruturam, dando-lhe seu sentido próprio acima do simples agregado de preceitos casuísticos. (...)".

mente quer-se afirmar que há uma porção de vinculação que precisa acompanhar a discricionariedade, a qual não se desfaz por esta presença, senão que se *legitima*, por não se auto-referenciar nem correr o risco de fixar residência no espaço fluido das vontades meramente particulares, incompatíveis, nessa condição, com a índole do Direito democrático, mormente em sua raiz publicista.

4. Controle dos atos administrativos propriamente vinculados e dos atos de discricionariedade vinculada aos princípios fundamentais

O controle dos atos administrativos, especialmente pelo Poder Judiciário, há de se operar quanto à competência em sentido amplo, verificando-se a existência ou não da usurpação dos poderes da autoridade, nada obstante haver atos válidos praticados por quem não se encontra no exercício de competência estrita.[23] Cumpre examinar, outrossim, a forma, de regra associada aos requisitos exteriores de sua prática (sem excesso de formalismo, em face do princípio da legitimidade). Ademais, evitando a emissão de juízo substitutivo, haverá de verificar se houve ou não desvio de finalidade, a qual terá de ser pública. O objeto (conteúdo) do ato deve ser lícito, possível e determinável. Os fundamentos de fato e de direito devem ser explicitados e, no caso de motivação insuficiente, tem-se o caso de ato anulável ou condenado à extinção plena. A par disso, a vedada inquirição quanto à oportunidade e à conveniência não se deve confundir com o inafastável exame da finalidade[24] principiologicamente vinculante e com o irrenunciável *controle de demérito*. Neste sentido, controle judicial haverá de ser o de *"administrador negativo"*, em analogia com o de "legislador negativo", exercido no controle de constitucionalidade das leis e dos atos normativos. Porque, como dito, se é certo que o Poder Judiciário não pode dizer, substitutiva e positivamente, como o administrador deveria agir, está obrigado a emitir juízo sobre como não deveria agir, em função dos princípios superiores do sistema administrativo, não mais prosseguindo a posição passiva de outros tempos.[25]

---

[23] Uma hermenêutica mais dialética do que metodológica, no tocante aos aspectos do ato, sem distinção rígida, faz-se indispensável.

[24] A propósito, vide Christian Starck, *in Das Verwaltungsermessen und seine gerichtliche Kontrolle*, *in*: Franßen, E. *et alii. Bürger, Richter, Staat – Festschrift für Horst Sendler*, München: C.H. Beck, S. , 1991.

[25] Exemplar, no ponto, o seguinte julgado: "Na atualidade, a Administração Pública está submetida ao império da lei, inclusive quanto à conveniência e oportunidade do ato administrativo. 2. Comprovado tecnicamente ser imprescindível, para o meio ambiente, a realização de obras de recuperação do solo, tem o Ministério Público legitimidade para exigi-la. 3. O Poder Judiciário não mais se limita

Mais: resta nítido, no tocante aos atos administrativos em geral, que varia tão-somente a intensidade de vinculação quanto à legalidade, entendida como princípio autônomo, sem se cometer o erro de uma identificação equívoca das regras com o Direito.[26] Não por acaso, em coerência com o exposto, os atos administrativos podem ser enquadrados como de improbidade pela inequívoca constatação de serem desonestamente atentatórios aos princípios da Administração Pública (Lei 8.429/92, art. 11), ainda que não tenha havido enriquecimento ilícito ou dano material ao erário, o que reforça a convicção de que devem ser controlados de maneira mais abrangente, tanto no âmbito do controle interno de cada Poder (não se devendo subestimar a eficácia da autotutela) como pelo Poder Legislativo e pelo Poder Judiciário, dada a interdependência dos Poderes. Naturalmente, o controle exercido pelo Poder Legislativo deve restar ainda mais à vontade para cobrar a vinculatividade principiológica dos atos discricionários. Dessa maneira, *um ato discricionário encontra-se finalisticamente vinculado, e.g.*, ao princípio da moralidade. Por igual, os atos administrativos discricionários e vinculados não poderão violar, por ação ou por insuficiência (inoperância), o princípio da proporcionalidade,[27] sob pena de resultarem viciados para todos os efeitos, ainda que pareçam, formalmente, em perfeita ordem no que tange à legalidade. No caso da inoperância, imperativo grifar que *a liberdade obriga e gera deveres* e somente é dada para que a autoridade administrativa mais responsavelmente possa melhor cumprir as obrigações.

Para ilustrar, tome-se o exemplo da fixação de multa administrativa, aliás não dotada de auto-executoriedade precisamente para se evitar arbítrio. Comporta margem de discrição, mas inteiramente subordinada teologicamente aos princípios.[28] Assim, *v.g.*, o julgamento do Conselho

---

a examinar os aspectos extrínsecos da administração, pois pode analisar, ainda, as razões de conveniência e oportunidade, uma vez que essas razões devem observar critérios de moralidade e razoabilidade. 4. Outorga de tutela específica para que a Administração destine do orçamento verba própria para cumpri-la. 5. Recurso especial provido. (REsp 2002/0046110-8, DJ de :22/3/2004)

[26] Cumpre esclarecer que a diferença de enfoque é, não raro, derivada de ambiguidades léxicas ou pragmáticas.

[27] "(...) A atuação da Administração Pública deve seguir os parâmetros da razoabilidade e da proporcionalidade, que censuram o ato administrativo que não guarde uma proporção adequada entre os meios que emprega e o fim que a lei almeja alcançar. (...) A razoabilidade encontra ressonância na ajustabilidade da providência administrativa consoante o consenso social acerca do que é usual e sensato. Razoável é conceito que se infere a contrario sensu; vale dizer, escapa à razoabilidade 'aquilo que não pode ser'. A proporcionalidade, como uma das facetas da razoabilidade revela que nem todos os meios justificam os fins. Os meios conducentes à consecução das finalidades, quando exorbitantes, superam a proporcionalidade, porquanto medidas imoderadas em confronto com o resultado almejado. (...)" (REsp 2002/0077874-4, DJ de 03/11/2003).

[28] Sobre a dimensão teleológica, útil registrar o seguinte julgado: "(...) Ao analisar o ato administrativo, deve-se buscar sua natureza para identificá-lo. *In casu*, o que se chamou de 'Permissão' caracteriza-se como 'Licença', vez que esta, sem necessitar de licitação, é ato administrativo vinculado e

Administrativo de Defesa Econômica pode fixar a multa dentro de certo percentual, porém, a par de não poder excedê-lo, o Poder Judiciário deverá verificar a razoabilidade e adequação paramétrica de tal fixação, sob pena de o discricionário transmudar-se em arbitrário. Assim, se uma pessoa jurídica resultar condenada pelo ente autárquico a pagar multa pela prática abusiva do poder econômico, o controle judicial levará em consideração o todo, não apenas a legalidade, por mais que aparente discricionária a fixação da multa na margem permitida pela lei. Sublinhado está, então, embora não possa sindicar diretamente o merecimento, que o Poder Judiciário, sem viés usurpatório,[29] precisa compreender inteligente e sistematicamente o sentido restrito e meramente funcional da vedação histórica do exame do mérito. Com efeito, o exame de adequação da obrigatória motivação dos atos discricionários é missão indeclinável e impositiva para os controladores em geral, mormente para os juízes. Nesse enfoque, no exercício legítimo do controle dos atos administrativos, o Poder Judiciário pode até tomar providências, de caráter preventivo, quando a omissão administrativa resultar irreparável ou de difícil reparação.

Assim, se continua plausível que o Poder Judiciário não pode apreciar o merecimento, em si, de uma decisão administrativa, sob pena de malferir a harmonia dos poderes (CF, art. 2º), não é menos certo que, se uma multa restar aplicada de modo desproporcional, resulta ilícita e antijurídica, donde segue o dever de anular o ato administrativo punitivo. Em suma, não poderá se furtar de verificar se efetivamente a prática abusiva ocorreu, nem se o administrador agiu com legitimidade[30] e com razoabi-

---

definitivo, pelo qual o Poder Público, verificando que o interessado atendeu a todas as exigências legais, faculta-lhe o desempenho de atividades ou a realização de fatos materiais antes vedados ao particular - transporte de passageiros em veículos de aluguel a taxímetro - resultando em um direito subjetivo, porém, relativo, por ser revogável, se houver interesse público superveniente; sem essência, portanto, de direito adquirido. (...) Em uma economia em crise, como atualmente está configurada a brasileira, com alto nível de desemprego, a interpretação de lei não pode desconhecer tais fatos. Se há, por mínima que seja, possibilidade de se extrair da lei interpretação e aplicação que minore, pelo menos temporariamente, essa crise de desemprego, cabe ao Judiciário ser fiel aos seus compromissos de ser guarda da normalidade jurídica, afastando o conflito. (...) surge incólume a possibilidade de o impetrante pleitear o direito frente à autoridade administrativa, que deve, como tal, pautar-se nos princípios norteadores da Administração Pública. É nesse ponto que o acórdão guerreado merece reparo." (ROMS 2002 /0145783-7, DJ de 07/4/2003)

[29] Bem ilustra a acertada postura não-usurpatória o seguinte julgado: "com fulcro no princípio da discricionariedade, a Municipalidade tem liberdade para, com a finalidade de assegurar o interesse público, escolher onde devem ser aplicadas as verbas orçamentárias e em quais obras deve investir. Não cabe, assim, ao Poder Judiciário interferir nas prioridades orçamentárias do Município e determinar a construção de obra especificada. Ainda que assim não fosse, entendeu a Corte de origem que o Município recorrido 'demonstrou não ter, no momento, condições para efetivar a obra pretendida, sem prejudicar as demais atividades do Município'. (...)" (REsp 208893/PR; REsp 1999/0026216-6, DJ de 22/03/2004).

[30] Vide Diogo de Figueiredo de Moreira Neto, in *Legitimidade e discricionariedade*. 2ª ed. Rio de Janeiro: Forense, 1991.

lidade imprescindível na fixação do percentual da multa. Para tanto, força não confundir discricionariedade com arbítrio nem conceber a discrição como juridicamente não-vinculada. Dito de modo claro e sem qualquer elipse, *a discricionariedade não vinculada a princípios é, por si mesma, uma arbitrariedade.* Note-se bem: não se está outorgando elastério excessivo ao Enunciado 473 do STF, mas emprestando-lhe o alcance devido, à luz da mais avançada hermenêutica dos princípios.

Ademais, a Administração Pública não somente pode (*a rigor, inexistem atos administrativos meramente facultativos*),[31] senão que deve alterar determinadas avaliações, ponderando melhor bens e valores. Imperativo, entretanto, subordinar qualquer mudança ao motivado autocontrole principiológico global, à semelhança do que deve ser encetado na seara do Judiciário, este último assumindo a função fiscalizadora derradeira. O importante é respeitar os efeitos constitutivos e mostrar a superveniência de fatos que determinam o eventual desfazimento de ato válido ou a mudança qualitativa de avaliação.[32]

Admitindo-se a vinculação imanente à discricionariedade, alargam-se os horizontes de controle dos atos administrativos. *Paradoxalmente, amplia-se a sindicabilidade e a própria liberdade*, pois esta passa a ser cobrada também nos atos vinculados. O automatismo cede à liberdade que se afina com o sistema e o constitui. No exame da conveniência e de oportunidade, a discrição deverá ser examinada com o escopo de impedir que o merecimento se confunda com o arbítrio, nunca fundamentável por definição.[33] Por tudo, sem desrespeito à autonomia e independência da

---

[31] Segundo o poder reconhecido ao agente, Ruy Cirne Lima, *in Princípios de Direito Administrativo.* São Paulo: RT, 1987, costumava classificar os atos administrativos em executivos, facultativos e discricionários. Em relação a estes últimos, já relativizava a liberdade: "Discricionários, finalmente, são aqueles atos respeito aos quais a autoridade administrativa, embora adscrita a prescrições não-jurídicas, possui, face à regra jurídica, liberdade de determinação, quanto ao respectivo destinatário, objeto ou fim" (p. 91).

[32] Emblemático é o seguinte julgado: "A Administração não está vinculada, quanto à pena a ser aplicada, às conclusões de parecer de comissão disciplinar e/ou consultoria jurídica. Cabível a discordância, desde que devidamente fundamentada e motivada." (..) (STJ, MS 2001/0023473-9, DJ de 4/2/2002)

[33] É de recordar Celso Antônio Bandeira de Mello, na monografia citada: "Então, o controlador da legitimidade do ato (muito especialmente o Poder Judiciário), para cumprir sua função própria, não se poderá lavar de averiguar, caso por caso, ao lume das situações concretas que ensejaram o ato, se, à vista de cada uma daquelas específicas situações, havia ou não discricionariedade e que extensão tinha, detendo-se apenas e tão-somente onde e quando estiver presente opção administrativa entre alternativas igualmente razoáveis" (p. 48). Tudo isso colabora, de modo decisivo, para a sua pertinente percepção de que a exteriorização das justificações dos atos administrativos "deve ensejar que se confira, nos casos em que o agente disponha de alguma discrição (seja sobre que aspecto for), se a decisão foi adequada, proporcional ao demandado para cumprir a finalidade pública específica que deveria atender ante o escopo legal". Na dicção de Lucia Valle Figueiredo, admitindo o amplo controle, a discricionariedade "deve provir da valoração do intérprete dentro de critérios de razoabilidade e da principiologia do ordenamento", *in Curso de Direito Administrativo.* São Paulo: Malheiros Editores, 1994, p. 124.

Administração Pública, não se deve aceitar ato administrativo exclusivamente político, pois todos os atos (e respectivas motivações) da Administração Pública devem guardar fina sintonia com as diretrizes eminentes do Direito Administrativo (em especial, aquelas agasalhadas nos arts. 37 e 70 da CF).[34]

Uma das tantas conseqüências do asseverado é o de que não seguirá automaticamente que os efeitos sejam *ex nunc* e *ex tunc* da revogação e da anulação, respectivamente, tomando-se esta última como exemplo de vinculação. A despeito disso, quanto aos fatores determinantes, segue pertinente dizer que a revogação sucede por conveniência e oportunidade, ao passo que a anulação sucede diante da ilegalidade do ato, porém os fundamentos, nesta e naquela, hão de ser controlados segundo a *adequação sistemática*, de sorte que a revogação não será discricionária puramente, nem a anulação será fatalmente obrigatória, como se poderia supor numa abordagem ligeira e superficial. Há casos, por exemplo, em que o dever de convalidar soará mais forte.

Ainda quanto aos efeitos, no caso da revogação, em função de operar em face de ato válido, de regra produzirá efeitos *ex nunc*, respeitando-se os direitos subjetivos oriundos do ato em plena validade. No tocante à anulação, o desfazimento produzirá efeitos *ex tunc*. Não será necessariamente assim, pois tal regra há de ser atenuada pela ação dos princípios em tensão recíproca reclamando concordância prática. No que tange ao alcan-

---

[34] Vide, a calhar, Miguel Seabra Fagundes, *in O Controle dos Atos Administrativos pelo Poder Judiciário*, Rio de Janeiro: Forense, 1967, que considerava vedado ao Poder Judiciário apreciar o mérito dos atos administrativos, cumprindo examiná-los sob a faceta da legalidade tão-somente, sendo este o limite do controle, quanto à extensão (p. 148). Ainda para Seabra Fagundes, o "mérito está no sentido político do ato administrativo", que só existiria como integrante no ato discricionário (p. 149). Contudo, após estabelecer três gradações de atos (o ato administrativo, como gênero, o ato político, como espécie, e o ato exclusivamente político, como subespécie) (pp. 161-162), admite o que se está preconizando, ainda que por via oblíqua: "O procedimento deixa de ser unicamente político quando, não obstante ter no ato político a sua origem, é seguido de medidas que afetam direitos expressamente amparados pela ordem jurídica. E, então, desaparece a impossibilidade do controle. O Judiciário é levado, embora indiretamente, ao exame do ato político" (pp. 166-167). Assevera, ademais, que, "ao examinar a motivação do ato, para dizer de sua validez, o juiz o aprecia sob o prisma da legalidade e não do merecimento" (p. 151), nisso diferindo de Víctor Nunes Leal, in *RDA* III/84. E reafirma Seabra Fagundes que "um dos elementos essenciais integrantes do ato (vinculado) é o motivo; se sem ele esse não existe, o constatar a falta de razão prevista em lei, como imprescindível à prática do ato, significa reconhecer a sua desconformidade com a norma legal, ou seja, a carência nele de um dos elementos que a lei supõe devam integrá-lo" (p. 155). Bem de ver que toma a legalidade em sentido amplo, isto é, no sentido de ordem jurídica, inclusive - o que é mais relevante – reputando finalidade como aspecto da legalidade, ainda que sejam vistos hoje como princípios distintos. Anota: "A desvirtuação da finalidade (*détournement de pouvoir* do Direito francês) pode tornar o ato ilegal. Aqui o exame da legalidade quase chega ao mérito" (p. 159). Prefere, no entanto, evitar a indagação tipicamente principiológica sobre se o "uso que fez do poder foi o melhor". Aqui, afirma-se que esta indagação é cogente, no exame dos atos administrativos, sem invadir o mérito, no sentido substitutivo da atuação do administrador, senão que se verificando a adequação à finalidade pública, que só pode ser a de, em face dos princípios, obter o resultado melhor.

ce da apreciação judicial, induvidoso que o controle abarca tanto os atos vinculados como os discricionários, e não apenas no tocante à forma, à finalidade e à competência. Nessa linha, reitera-se a vinculação dos atos discricionários, sendo a discricionariedade sempre relativa. Sobre os limites da vinculada anulação, é de se recordar que a respeitabilidade do princípio da boa-fé, do princípio da segurança das relações jurídicas e a relativização do princípio da legalidade implicam, conjugadamente, a fixação de restrições substanciais e sistemáticas à cogência da anulação dos atos administrativos. Assim, os atos formalmente ilegais na sua origem, ou supervenientemente, mesmo após longo lapso temporal, devem ter a nulidade decretada *ex tunc*, quando provada ou fortemente presumível a má-fé. Já os atos administrativos, uma vez incontrastável a boa-fé do administrado, devem ser anulados excepcionalmente com efeitos atenuados, quando da passagem de médio lapso temporal, observado o prazo decadencial, se estatuído em lei. Finalmente, os atos administrativos ilegais e ilegítimos, mesmo presumida *juris tantum* a boa-fé do administrado, devem ter a sua nulidade decretada, em todos os casos, quando da passagem de reduzido lapso temporal ou quando agredirem a dignidade dos princípios constitucionais. Nesses casos, urge pautar e controlar os atos em função da legalidade, mas não só. O sistema, no seu plexo de princípios e de eixos coordenados, reclama e impõe uma angulação menos automatista, seja do agente administrador, seja do controlador. Como visto, o *princípio da legalidade é um princípio entre outros.*

Persistem, enfim, com alcance contido e assaz parcimonioso, as diferenças entre a discricionária revogação e a vinculada anulação dos atos administrativos. Veja-se, ainda a título de ilustração: quanto aos sujeitos, apenas a Administração Pública pode praticar a revogação. De seu turno, a invalidação ou anulação deverá ser efetuada tanto pela Administração como pelo Poder Judiciário. Todavia - e é isso que importa ressaltar -, inexistem atos administrativos que possam ser independentes dos princípios referenciais, sendo que, assim como se pode afirmar que a trajetória da luz não é uma reta, mas pode ser uma curva bem fechada, guardadas as proporções e diferenças, no mundo jurídico é preciso ver metaforicamente os atos como a transformação de vontade objetiva em subjetiva e vice-versa, à semelhança de matéria e energia.[35] Em outras palavras, a

---

[35] Um bom exemplo do fenômeno está no seguinte julgado: "Não obstante seja cediço, como regra geral, que a aprovação em concurso público gera mera expectativa de direito, tem-se entendido que, no caso do candidato classificado dentro das vagas previstas no Edital, há direito subjetivo à nomeação durante o período de validade do concurso. Isso porque, nessa hipótese, estaria a Administração adstrita ao que fora estabelecido no edital do certame, razão pela qual a nomeação fugiria ao campo da discricionariedade, passando a ser ato vinculado. Precedentes do STJ e STF. Recurso provido." (ROMS 15034/RS ;2002/0075522-7, DJ de 29/03/2004) Vide, ainda, breve extrato de outro julgado: "(..) A doutrina e jurisprudência pátria já consagraram o brocardo de que a 'aprovação em concurso

anulação, conquanto vinculada, tanto pela Administração como pelo Poder Judiciário, deve conhecer os limites ditados, em especial, pelo princípio da segurança jurídica.[36] De seu turno, a revogação, mesmo discricionária, encontra-se vinculada à íntegra dos princípios, o que afasta qualquer resposta unilateral quanto aos efeitos de um ou outro dos atos aludidos.

Por todo o exposto, os atos administrativos precisam ser praticados e controlados desde uma ótica mais compatível com os tempos em que se reivindica um Direito Administrativo dialógico e persuasivo, bem como um Estado matizado por uma atuação substancialmente compatível com a afirmação crescente do núcleo essencial dos direitos fundamentais, na construção de uma ordem justa[37] ou, pelo menos, não tão assimétrica.

Nessa concatenação de idéias, os atos administrativos, quanto à intensidade da subordinação à legalidade estrita, podem ser classificados, sem fixidez, como (a) *atos vinculados propriamente ditos*, ou seja, aqueles que devem guardar mais intenso condicionamento aos requisitos formais, com escassa (mínima) liberdade da autoridade, exceto aquela de verificar se a prática do ato está ou não em consonância com os princípios constitutivos do Direito Administrativo. Saliente-se que tal liberdade brota do sistema, sendo inafastável exigência. De sua vez, existem (b) *os atos*

---

público gera mera expectativa de direito'. Com isso, compete à Administração dentro do seu poder discricionário e atendendo aos seus interesses, nomear candidatos aprovados de acordo com a sua conveniência, respeitando-se, contudo, a ordem de classificação, a fim de evitar arbítrios e preterições. Esta Corte tem se manifestado no sentido de que constatando-se a contratação para preenchimento de vagas em caráter precário, dentro do prazo de validade do concurso, bem como a necessidade perene de preenchimento de vaga e a existência de candidato aprovado em concurso válido, a expectativa se convola em direito líquido e certo.(...)" (STJ, EDMS 5573/DF, DJ de 09/12/2003). Mais: "(...) Com isso, compete à Administração dentro do seu poder discricionário e atendendo aos seus interesses, nomear candidatos aprovados de acordo com a sua conveniência, respeitando-se, contudo, a ordem de classificação, a fim de evitar arbítrios e preterições. Esta Corte tem se manifestado no sentido de que constatando-se a contratação para preenchimento de vagas em caráter precário, dentro do prazo de validade do concurso, bem como a necessidade perene de preenchimento de vaga e a existência de candidato aprovado em concurso válido, a expectativa se convola em direito líquido e certo. III - Na hipótese dos autos não ocorreu a preterição dos impetrantes, tendo em vista que nenhum deles obteve classificação dentro do número de vagas previstas no Edital, não restando configurado seu direito líquido e certo de serem chamados para a segunda fase do certame. IV - A abertura de novo concurso indicando a necessidade de mais vagas, quando ainda não terminado o prazo do certame anterior, transfere a questão da nomeação do campo da discricionariedade para o da vinculação, uma vez que deve ser observado o direito subjetivo do candidato aprovado à nomeação. Referida hipótese não se verifica no caso dos autos, tendo em vista que a abertura de novo concurso só ocorreu após o encerramento do certame anterior. O que permanecia pendente era a conclusão do Curso de Formação, que se trata de etapa limitada aos candidatos aprovados dentro no número de vagas. Precedentes. V - Ordem denegada. (STJ, MS 1998/0000395-9, DJ de 22/09/2003).

[36] Vide *Constituição e Segurança Jurídica*. Coord. de Cármen Lúcia Antunes Rocha, Belo Horizonte: Forum, 2004.

[37] "A melhor interpretação não se subordina servilmente às palavras da lei, nem usa raciocínios artificiais para enquadrar friamente os fatos em conceitos prefixados, porém se preocupa com a solução justa (...)" (REsp 234385/SP, DJ de 14.08.2000).

administrativos de discricionariedade vinculada aos princípios constitutivos do sistema, é dizer, aqueles atos que o agente público deve praticar mediante juízos de adequação, conveniência e de oportunidade, na busca da melhor solução para o caso, cujos resultados devem subordinação à totalidade do sistema de Direito Administrativo, mostrando-se, no geral das vezes, obrigatória a motivação, sem que seja indiferente a escolha das conseqüências no mundo real.

Em suma: o administrador público, nos atos discricionários vinculados, emite juízos decisórios de valor, no encalço da máxima concretização dos valores projetados pelo sistema jurídico, antepondo uma preferência sem contraposição com a finalidade principiológica do Direito. Já na prática dos atos vinculados propriamente ditos (embora impossível uma vinculação inteira e maciça), só emite o mínimo de juízo estritamente necessário à subordinação principiológica e ao controle interno da sistematicidade. No prisma conceitual esposado, para argumentar, o mérito, em si e por si, do ato segue não perscrutável, contudo o controle de sua adequação[38] alcança os deméritos, dado que só se admite a justificação do ato, motivadamente,[39] do modo o mais vinculado possível à efetividade dos princípios fundamentais. Vai daí que, necessariamente, também os atos discricionários devem ser motivados (expostos, de modo congruente, os seus fundamentos de fato e de direito), porquanto neles mais se deve acentuar o cuidado com a adequação, eis que quanto maior a liberdade, maior a contrapartida democrática de controle.

As precedentes considerações robustecem a noção de que a autoridade administrativa deve observância à lei e ao Direito, entendido como sistema, isto é, totalidade de princípios e regras, logicamente transcendentes em relação ao princípio da legalidade estrita. Portanto, a invalidade ou nulidade do ato discricionário ou do ato vinculado pode perfeitamente resultar de uma colisão insanável (respeitada a presunção de legitimidade) com um ou mais princípios, sendo forçoso sempre verificar se ocorreu ou não o vício caracterizador do desvio de poder ou da insuficiência no exercício da liberdade em harmonia com o sistema.

---

[38] Vide a crítica à falta de controle meritório de Carlos de Siqueira Castro *in O devido processo legal e a razoabilidade das leis na nova Constituição no Brasil*. Rio de Janeiro: Forense, 1989, pp. 186-ss.

[39] Elucidativo é o seguinte acórdão: "Quanto à motivação: requisito essencial do ato administrativo atacado é a sua motivação, ocorrida na hipótese. Tanto que a recorrente modifica sua regulamentação neste particular, procurando atacar formalmente o ato porque contrário ao parecer prévio da comissão especial de licitação. Tal parecer não vincula a autoridade, desde que sua decisão seja devidamente fundamentada. (...) Assim, sendo, o 'mérito' do ato administrativo na espécie está sujeito ao controle jurisdicional, desde que tal possa ser verificado de plano e não importe em dilação probatória, o que só poderia ocorrer nas vias ordinárias, mas não na via estreita do *mandamus*. (...). Ato hostilizado devida e comprovadamente fundamentado, sem quaisquer vícios ensejadores à nulificação ou retificação." (STJ, ROMS 1996/0065369-0, DJ de 27/9/1999).

Com efeito, porque nunca sucede uma mera subsunção automática, sequer nos atos ditos propriamente vinculados (a despeito de, v.g., nas questões de idade ou de prazos, parecer haver uma vinculação plena, mas mesmo aí é impositivo verificar se os pressupostos fáticos e de direito estão em conformidade com o sistema), mister distinguir as atividades de discernir do puro querer. Não se admite o querer inteira e subjetivamente livre, enquanto o discercimento (a discrição) se mostra um passo necessário e inarredável, *remanescendo discricionariedade, atribuída deliberadamente ou não pelo legislador, na aplicação de qualquer comando normativo*, ainda quando supostamente "plena" a vinculação. Assim, sem maior valia a distinção entre a discricionariedade (no plano da eleição de conseqüências) e conceitos indeterminados ("Tatbestand"), admitindo-se o controle em relação a estes e àquela, na convicação de que em ambos os momentos tem-se a discrição, consciente ou inconscientemente, almejada pelo legislador. Não é o caso de se distinguir, no fundo, a discricionariedade volitiva da cognitiva, como se fazia, nem a discricionariedade de decisão ("Entschliessungsermessen") e de execução ("Auswahlermessen").[40] Convém elucidar que o controle (interno, externo, judicial e social) dos atos administrativos deve ocorrer no tocante à vinculação e à discrição, seja na determinação dos conceitos, seja na escolha de conseqüências. Nem há, na ótica adotada, lugar para a noção de "discricionariedade zero", assim como não há vinculação total, dois erros simétricos, pois são extremos que jamais se tocam.

A distinção, portanto, entre atos administrativos vinculados propriamente ditos e atos discricionários vinculados a princípios resulta apenas no atinente à intensidade do vínculo à lei. Não deve servir para gerar

---

[40] Sobre o tema, vide Andreas J. Krell in "A recepção das teorias alemãs sobre 'conceitos jurídicos indeterminados' e o controle da discricionariedade no Brasil", *Revista Interesse Público*, v. 23, 2004. Assinala: "A decisão administrativa oscila entre os pólos da plena vinculação e da plena discricionariedade. Esses extremos, no entanto, quase não existem na prática; a intensidade vinculatória depende da densidade mandamental dos diferentes tipos de termos lingüísticos utilizados pela respectiva lei (...) (p. 26) Especialmente a classificação em motivo 'expresso em lei' ou motivo 'deixado ao critério do administrador' não convence." (p. 29) Propõe adiante, seguindo Bullinger e Starck (p. 44): "discricionariedade *tática*, em que o órgão pode decidir sobre circunstâncias concretas alteráveis, para tomar medidas de forma rápida e eficaz (ex.: polícia); espaço livre para *apreciação pericial*, que normalmente pressupõe um processo administrativo que assegura a imparcialidade da tomada de decisão sobre questões técnico-científicas, mediante órgãos colegiados especializados; discricionariedade para *avaliação de riscos* oriundos de atividades perigosas definidas em lei (ex.: energia nuclear, engenharia genética); discricionariedade de *planejamento*, que serve para a ponderação criadora e realização de um determinado programa de ação e resulta em decisões administrativas complexas, que tentam equacionar uma pluralidade de interesses envolvidos (ex.: planos diretores); e discricionariedade para *adaptação da lei ao caso concreto*, em que a aplicação da norma levaria a um resultado contrário a seu fim, devendo a própria lei prever uma "cláusula de dispensa", reservada para casos atípicos." Judiciosa a sua crítica aos "elementos" do art. 2º da Lei da Ação Popular. (p. 27 e p. 47) Sustenta, com propriedade, que "podem existir várias imbricações e interdependências entre a hipótese e o mandamento da norma".

confusões lingüísticas. No plano empírico, dado que, acentuando-se a vinculatividade dos atos em geral, evita-se o equívoco comum de se inibir o controle dos atos em homenagem ao suposto espaço indevassável da liberdade. Como visto, o merecimento pode até continuar a ser visto no sentido habitual, mas desde que bem entendido, isto é, jamais deverá servir de biombo para que se esquivem os controladores de seus deveres para com a efetividade dos princípios na íntegra. A discricionariedade, por sua vez, não desponta como vinculação menor aos princípios. Trata-se apenas de distinção operacional, fruto de opção do legislador histórico, destinada a otimizar a prática administrativa, impondo deveres até maiores de motivar as escolhas assumidas de modo virtuoso, excelente e temperante.[41] Confia-se, assim, no administrador, que passa a experimentar liberdade no plano dos mandamentos normativos como na escolha de conseqüências, numa confiança ativa em sua capacidade de bem escolher. Simultaneamente, sem rendição à suposta esfera da discricionariedade técnica, confia-se nos controladores, auxiliados por peritos, na sindicabilidade que, sem substituir o administrador, viabilize uma liberdade em concordância funcional com o sistema.

5. Conclusões

Pelo exposto, eis as idéias de especial relevo, propostas à reflexão:

a) A discricionariedade, no Estado Democrático, quer dos atos administrativos, quer dos atos judiciais, está sempre vinculada aos princípios fundamentais, sob pena de se traduzir em arbitrariedade e de minar os limites indispensáveis à liberdade de conformação como racional característica fundante do sistema administrativo.

b) Os atos administrativos podem ser vinculados propriamente ditos ou de discricionariedade vinculada ao sistema, ambos devendo obediência à totalidade dos princípios, regras e valores, sendo urgente, em face dessa dialógica concepção, ampliar significativamente o controle, requerendo-se, notadamente em face dos atos discricionários, a devida motivação ou fundamentação (de fato e de direito), à semelhança e por analogia da requerida na prática de atos judiciais, nos termos expressos da Constituição.

c) A diferença de atos administrativos vinculados e discricionários reside antes na maior ou menor intensidade de vinculação[42] ao princípio

---

[41] Sem aderir à "virtú" no sentido maquiavélico, mas retomando, em parte, a "arete" dos gregos.

[42] Não se nega, por evidente, a distinção. Veja-se o seguinte julgado: "De acordo com o disposto no art. 98 da Lei nº 8.112/90, o horário especial a que tem direito o servidor estudante condiciona-se

da legalidade do que na eventual inexistência de liberdade do agente na consecução dos atos administrativos. O administrador público, nos atos discricionários vinculados, emite juízos decisórios de valor, no intuito de imprimir crescente concretização dos valores constitucionais, ao passo que, ao expedir atos vinculados propriamente ditos (reitere-se a impossibilidade lógica de vinculação absoluta), só emite o mínimo de juízo estritamente necessário à subordinação principiológica e ao controle da sistematicidade do ato.

d) O controle há de ser preponderantemente principiológico, ultrapassando, neste aspecto e mais uma vez, a rigidez das antigas classificações dos atos administrativos, enfatizada a inexistência de atos exclusivamente políticos: tanto os atos administrativos vinculados como os discricionários devem guardar vinculação forte com o sistema positivado. Numa visão sistemática e consentânea com o *novo Direito Administrativo,*[43] o mérito do ato, por via reflexa, pode ser inquirido (efetuado o controle de demérito), mas, até em razão disso, o controle de adequação deve ser realizado com maior rigor, uma vez que a discrição existe, presumidamente, para que o agente concretize, com maior presteza, a vinculante finalidade pública. Logo, obrigatoriamente, os atos administrativos (discricionários ou não) devem ser motivados, porquanto neles mais se deve acentuar o cuidado pois quanto maior a liberdade, maior o controle, no sistema de recíprocos contrapesos entre os Poderes.

e) Sem substituir, usurpatoriamente, o agente administrativo, os controladores devem avaliar a juridicidade dos atos discricionários, sem que tal se configure usurpação de poder ou invasão de merecimento em si. Reconhecendo-se, assim, a vinculatividade dos atos discricionários, estar-

---

aos seguintes requisitos: comprovação de incompatibilidade entre o horário escolar e o da repartição; ausência de prejuízo ao exercício do cargo; e compensação de horário no órgão em que o servidor tiver exercício, respeitada a duração semanal do trabalho. Atendidos esses requisitos, deve ser concedido o horário especial ao servidor estudante, porquanto o dispositivo legal não deixa margem à discricionariedade da Administração, constituindo a concessão do benefício, nesse caso, ato vinculado. Recurso não conhecido." (REsp 2002/0031578-8, DJ de 24/3/2003). A vinculação, mesmo nesse exemplo, não é plena, porque bem poderia haver hipótese tópica em que o prejuízo ao serviço, referido no art. 98 da Lei 8.112, poderia conduzir a resultado diverso. Bem observadas as coisas e tudo considerado, um grau de liberdade na avaliação dos requisitos (ex. avaliação do prejuízo), em certa medida, existe, mas há, está claro, há situações de mais intensa vinculação, por opção legislativa, ao princípio da legalidade.

[43] Em sintonia, vide avançada mudança de visão sobre a discricionariedade, corroborando o preconizado, sem quebra da prudência e do comedimento, no seguinte julgado: "1. Na atualidade, o império da lei e o seu controle, a cargo do Judiciário, autoriza que se examinem, inclusive, as razões de conveniência e oportunidade do administrador. 2. Legitimidade do Ministério Público para exigir do Município a execução de política específica, a qual se tornou obrigatória por meio de resolução do Conselho Municipal dos Direitos da Criança e do Adolescente. 3. Tutela específica para que seja incluída verba no próximo orçamento, a fim de atender as propostas políticas certas e determinadas. 4. Recurso especial provido" (RESP 2002/0169619-5, DJ de 15/3/2004).

se-á mais aparelhado, científica e teoricamente, para coibir os desvios ou omissões no exercício de poder, adotando-se atitude benfazeja para acelerar o advento de uma efetiva austeridade na salvaguarda dos elevados princípios constitucionais do Direito Administrativo.

— 2 —

Novos paradigmas de gestão em segurança pública

FÁBIO MEDINA OSÓRIO

É Mestre em Direito Público pela UFRGS e Doutor em Direito Administrativo pela Universidade Complutense de Madrid. É Promotor de Justiça-RS, atualmente (maio de 2004) exercendo as funções de Secretário-Adjunto de Estado da Justiça e da Segurança-RS. É Vice-Presidente do Instituto Internacional de Estudos de Direito do Estado (IIEDE) e Professor junto à Escola Superior do Ministério Público-RS (ESMP).

Sumário: Introdução; I. Delimitação conceitual da gestão pública: gestor *versus* administrador; II. Quais os rumos da gestão pública brasileira?; III. Os novos paradigmas e sua densidade operacional; IV. Nova gestão em segurança pública: panorama pontual dos problemas no contexto geral brasileiro; V. Da nova gestão pública à nova gestão da segurança pública: alguns apontamentos gerais.

Introdução

Todos desejamos um setor público eficiente, ágil, eficaz e qualificado, eis uma premissa muito adequada a efeito de consenso.[1] O problema reside nos obstáculos que encontramos para atingir esse objetivo, ante uma realidade geral notoriamente distante do ideário sustentado. Como alcançá-lo? Como aclarar os caminhos? Devemos, preliminarmente, definir nosso problema ou, ao menos, algumas de suas mais importantes facetas. Necessitamos focar não apenas o que é, realmente, a Nova Gestão Pública que almejamos, mas também qual o substrato básico do qual ela não pode abrir mão e quais as principais dificuldades que temos pela frente. É

---

[1] Necessário o agradecimento ao assessor Vinicius Diniz Vizzotto pela colaboração neste trabalho.

imperioso que enfrentemos a chamada crise da Gestão Pública brasileira e seus reflexos no campo da segurança pública.

Esta é uma proposta de reflexão sobre os novos rumos do Estado brasileiro, no campo da Segurança Pública,[2] no marco conceitual daquilo que se tem definido como a Nova Gestão Pública,[3] com todas suas implicações teóricas e paradigmáticas.

Entendo que a escolha do tema guarda imensa pertinência com toda a trajetória pessoal e profissional do Dr. Octavio Germano, o ilustre homenageado desta obra. Estamos a tratar de um homem público de currículo invejável, ex-Secretário de Estado da Justiça e da Segurança, ex-Vice-Governador do Estado, ex-Deputado Estadual no Rio Grande do Sul, ex-Presidente da Assembléia Legislativa-RS, ex-ocupante de vários outros

---

[2] Sobre o Plano Nacional de Segurança Pública, consulte-se http://www.mj.gov.br/noticias/2003/abril/pnsp.pdf, *site* onde se pode ter acesso à cópia de inteiro teor do regimento interno.

[3] Todo o debate inicial sobre a chamada Nova Gestão Pública está bem sintetizado na obra coordenada por Quim BRUGUÉ e Joan SUBIRATS, *Lecturas de Gestión Pública*, Ministério de Administraciones Públicas, Boletín Oficial del Estado, Madrid, 1996. Ali, constam trabalhos dos mais diversos matizes, espelhando uma visão bastante crítica em relação ao modelo burocrático weberiano, mas também cética quanto aos novos rumos. De entrada, os coordenadores formulam a seguinte indagação: qual o motivo para falarmos em Gestão, e não Administração Pública? Ambas as expressões podem significar a condução dos assuntos de terceiros e, também, o exercício de autoridade ou mando sobre uma determinada organização. Gestão é uma expressão, segundo PETER DRUCKER, citado no texto, mais atual e compatível com nossos tempos. Este autor distingue, histórica recente de evolução do modelo capitalista ocidental, três grandes períodos: (a) revolução industrial (1750-1850); (b) revolução da produtividade (1850-1950); (c) revolução da gestão (1950-1990). Nessa última revolução, segundo o autor, não se trata mais de utilizar o saber para melhorar o trabalho, mas para aplicá-lo sobre o próprio saber. A partir daí, o conhecimento se converte no recurso chave para gerar e obter riqueza. Eis a Era da Informação. Gestionar, em definitivo, não significa nem exercer autoridade, nem organizar. Significa usar o conhecimento como mecanismo para facilitar uma melhora contínua ou assumir a responsabilidade sobre a ação de um sistema. A idéia de sistema traduz um espaço onde devemos articular relações e negociações. Não se trata de controlar e exercer autoridade hierarquicamente posta. Gestionar significa influir sobre uma estrutura organizativa, mas também sobre um sistema complexo que abandona a forma piramidal tradicional para transformar-se numa rede composta por atores e organizações múltiplas. O papel de um gestor é, pois, radicalmente distinto do de um administrador. A transformação dos administradores em gestores representa a mudança mais profunda de transição da Administração Pública à Nova Gestão Pública. Sobretudo a partir dos anos 80, porém com precedentes esparsos nos anos 50 e 70, situa-se a fragilidade da dicotomia política-administração como eixo central da Ciência da Administração. Não se trata de diferenciar os políticos dos administradores, como se estes pudessem ficar afastados das políticas públicas, comprometendo-se unicamente com processos formalmente corretos. A Nova Gestão Pública mergulha num complexo universo onde os atores têm papéis mais sofisticados, com maior liberdade e responsabilidade. Mais importante do que os estudos sobre as estruturas organizacionais das Administrações Públicas seriam os estudos sobre as políticas públicas e seus impactos sociais, é dizer, seus resultados concretos. Certos sujeitos passaram, paulatinamente, a perceber essa realidade, movendo-se num plano decisório e de responsabilidade vinculada às políticas públicas. A chamada Gestão Pública passa a ser um gancho para construir programas de investigação e docência, antes que uma construção conceitual coerente. O novo Gestor tem mais liberdades, atua mais horizontalmente, está mais comprometido com resultados do que propriamente com o processo. A palavra vem do *management*, tem suas raízes mais diretas nos processos de aprofundamento do intercâmbio entre os setores público e privado.

cargos de relevância pública e social e atualmente um homem público ainda engajado com as grandes questões de nossos tempos.

O homenageado é homem público cuja honra resulta inatacável, após mais de meio século dedicado à vida pública, circunstância que pode parecer incomum e rara em nossos dias. Mais ainda, sua trajetória é marcada pela nota da eficiência e da qualidade em suas ações, com um pragmatismo voltado à resolução de problemas, eis uma de suas características centrais. Conhecido como um gestor dinâmico, competente, técnico e corajoso, nosso homenageado foi, nesse contexto, uma das autoridades mais marcantes no Estado do Rio Grande do Sul em matéria de gestão em segurança pública.

Esta modesta contribuição à presente obra ganha peculiar intensidade na medida em que, atualmente, tenho a honra de compor a equipe do Secretário Estadual da Justiça e da Segurança do Rio Grande do Sul, Deputado Federal José Otávio Germano, filho do homenageado e uma das grandes lideranças políticas de nosso tempo.

I. Delimitação conceitual da gestão pública: gestor *versus* administrador

Definir o que é Gestão Pública nem sempre constitui tarefa singela,[4] embora, num plano empírico, saibamos, em geral, quando estamos diante de atos típicos de uma Gestão Pública, e quando não o estamos. Pode-se contrapor Gestão Pública à Administração Pública. É essa dicotomia que buscaremos explorar, tanto em termos de afinidades, coincidências, quanto de divergências. Porém, estaremos trabalhando mais especificamente com as noções ínsitas à chamada Nova Gestão Pública, num corte metodológico evidente.[5]

O surgimento e a expansão dos chamados gestores públicos corresponde a uma nova mentalidade dentro da realidade administrativa, novos papéis e inéditas posições funcionais dos atores envolvidos, deslocando-se

---

[4] Para bem ilustrar essa dificuldade, veja-se a respeitada e fundamental obra de Helio Saul MILESKI, *O controle da gestão pública*, ed. RT, SP, 2003, o qual põe o foco sobretudo nas atividades estatais e aquelas sujeita ao crivo dos Tribunais de Contas, na clássica perspectiva do controle da Administração Pública.

[5] Sobre a chamada nova gestão pública, com todos os paradigmas desse conceito, consulte-se Andréa LOPEZ, *La Nueva Gestión Pública: algunas precisiones para su abordaje conceptual*. Série I, Desarrollo Institucional y Reforma del Estado, documento número 68, INAP – Instituto Nacional de Administración Pública, Argentina, 2003 especialmente quando anuncia o tema da liberdade e da responsabilidade dos gestores (p.18). Disponível em http://www.inap.gov.ar/publicaciones/docs/reforma/ngpfinal.PDF. Acesso em 19/03/2004.

a figura dos administradores para uma posição distinta,[6] dentro de um marco teórico diferenciado.[7]

Neste ponto, diga-se que o gestor, ao contrário do clássico administrador, goza de maior liberdade, preocupa-se com resultados e nem sempre será um funcionário público. Além disso, a legalidade, para esse sujeito, joga um papel mais restrito, porquanto balizada pela economicidade, pela eficiência e outros princípios igualmente importantes que orientam finalisticamente os atores do cenário político-administrativo. Neste sentido, há muitas legalidades possíveis no universo de escolhas dos gestores públicos.

Do gestor público se exigem resultados, sem desprezo pela ética institucional. Se é verdade que sua liberdade é maior do que aquela tradicionalmente outorgada aos administradores, desburocratizando-se, modo crescente, suas atividades, também é certo que suas responsabilidades aumentam, tanto no plano político, quanto no jurídico, ao menos em tese.

O gestor pode ser o agente político que goza de autonomias funcionais para o desempenho de suas atribuições administrativas, dentro de

---

[6] Veja-se Francisco Moyado ESTRADA, *Gestión pública y calidad: hacia la mejora continua y el rediseño de las instituciones del sector público.* CLAD – Centro Latinoamericano de Administracion para el Desarrollo, Lisboa, Portugal: 2002. Disponível em http://unpan1.un.org/intradoc/groups/public/documents/clad/clad0043302.pdf. Acesso em 22/03/2004, palestra proferida no VII Congresso Internacional do CLAD (Conselho Latinoamericano de Administração para o Desenvolvimento) sobre a Reforma do Estado e da Administração Pública, em Lisboa, de 08 a 11 de outubro de 2002, quando expõe, com acerto, que a questão central – ou paradigmática – que torna reconhecível e necessária a Nova Gestão Pública, diz respeito à legitimidade estatal, cujos pressupostos sofreram, nos últimos 20 (vinte) anos, radicais transformações. O foco vem sendo redirecionado cada vez mais aos resultados, à responsabilidade, à flexibilidade institucional, tudo a indicar novos padrões gerenciais dentro do setor público. O que resulta em debate, em grande medida, é a legitimidade dos padrões clássicos da administração burocrática weberiana. A qualidade dos produtos e serviços é que se torna o verdadeiro princípio catalisador das demandas sociais. A partir disso, desenvolvem-se os caminhos de legitimação.

[7] A Nova Gestão Pública, dentro dos paradigmas que lhe são próprios, requer novas metodologias. Seus desafios, como acentua Valentin K. DOVONON, *Methode de la nouvelle gestion publique: responsabilité, accessibilité, productivité, resultats et clients, etc.*, CAFRAD – Centre africain de formation et de recherche administratives pour le développement, Tanger, Marrocos, 2001, disponível em http://unpan1.un.org/ intradoc/groups/public/documents/cafrad/unpan002329.pdf, acesso em 15/03/2004, são imensos: qual o modelo de Administração Pública que resulta necessário para os usuários de hoje? Como otimizar os recursos materiais e humanos das Administrações Públicas? Como transformar uma Administração até então formalista, burocrática, numa entidade competitiva, eficaz e vinculada a resultados a serviço do cidadão? Nesse contexto, quais os métodos apropriados para gerir a Administração Pública nos dias de hoje? Esquemas de controle de gestão são necessários. Aparecem, aqui, os métodos de gestão participativa, além da profissionalização da Administração Pública. Sem profissionalização adequada, não há falar-se na possibilidade de uma Administração competitiva e moderna. Trata-se de pré-requisito. Outros princípios instrumentais muito importantes: gestão por objetivos; a responsabilização dos gestores; produtividade e impacto de resultados. O certo é que, em suas bases, a Nova Gestão Pública requer explicitação de métodos, regras e princípios peculiares, dentro de idéia de atendimento prévio a uma série de pressupostos estruturais capazes de permitir as mudanças necessárias.

padrões mais amplos de discricionariedade, como pode ser alguém contratado pelo setor público para implementar políticas públicas, ou pessoas concursadas com posições de alta responsabilidade.

Em contrapartida, o administrador estava acostumado a atuar verticalmente, na estrutura burocrática, com instrumentos puramente formais e normativos, obedecendo à lógica hierárquica. Seu âmbito de atuação era restrito aos domínios organizacionais onde inserido.

O gestor, ao contrário, inserido num universo complexo e globalizado, atua mais horizontalmente, porque sabe da dependência que ostenta em relação à sua equipe de trabalho, para obtenção de resultados.

O Brasil é um país que conta com gestores ou administradores públicos, em sua maioria? Que caminho estamos trilhando na área da gestão em segurança pública? Para responder a essa indagação, reputamos oportuno um exame preliminar dos rumos da Gestão Pública brasileira como um todo, porque é nesse contexto que se insere a matéria mais específica da segurança pública.

II. Quais os rumos da gestão pública brasileira?

Não se pode ter dúvidas de que novos instrumentos vêm surgindo no cenário nacional. Temos Agências Reguladoras, desde a década de 90, com amplos poderes, não obstante reiteradas tentativas de cortes nessas entidades.

Vivenciamos, ainda, a proliferação de organizações não-governamentais, com o crescimento do chamado Terceiro Setor, manejando princípios e regras antes restritas aos entes estatais.

O discurso de busca de resultados, planejamento estratégico, economicidade, eficiência e eficácia vem contaminando todas as instituições públicas, as quais aprofundam o intercâmbio com a iniciativa privada e com as entidades públicas não-estatais. Trata-se de um discurso que ultrapassa barreiras ideológicas,[8] alcançando governos

---

[8] Sobre o processo de reforma da Administração Pública brasileira, que tem continuidade, em grande medida, no governo do Presidente LULA, vale consultar o trabalho de Luiz Carlos BRESSER PEREIRA, "Uma reforma gerencial da Administração Pública no Brasil", in *Revista do Serviço Público*, ano 49, I, janeiro/março de 1998, pp. 5 e ss. O autor acena para o suposto retrocesso que teria representado a Carta Magna de 1988, com sua vocação burocratizante e centralizadora, contraditória com regras e princípios antes consagrados no sistema, mormente a partir do Decreto-lei 200/67. Esse Decreto é considerado pelo autor como o primeiro momento da Administração gerencial no Brasil. Observe-se que um dos importantes teóricos cujo pensamento resulta manejado e corroborado no trabalho aqui em foco é o de Tarso GENRO, quando defende a existência e o fortalecimento da nova esfera pública não-estatal, com profundo impacto no Direito Público. Aliás, o diagnóstico da crise do sistema previdenciário, na perspectiva do autor, muito se assemelha, para não dizer que se

distintos.[9] Os congressos, seminários, cursos e palestras sobre o tema da produtividade no setor público, bem assim a questão da qualidade dos processos e decisões, multiplicam-se em todas as partes.[10]

Neste diapasão, a Gestão Pública brasileira tende a orientar-se por parâmetros teóricos de qualidade, produtividade e controle de resultados. Essa é uma realidade que se impõe, inclusive por força de políticas internacionais.[11]

---

identifica, com o substrato valorativo que culminou na reforma previdenciária levada a efeito no governo Lula. Quer-se colocar de manifesto que existem muitas proximidades nos discursos dos governantes, independentemente dos partidos políticos, quando se trata de implementar ou defender reformas na Administração Pública. Do mesmo autor, consulte-se "Uma nova gestão para um novo Estado: liberal, social e republicano", *Revista do Serviço Público*, ed. Escola Nacional do Serviço Público, ano 52, número I, jan-mar de 2001, Brasília, pp. 5 e ss. Nessa mesma linha, não se pode deixar de referir o pensamento de Paulo MODESTO, "Notas para um debate sobre o princípio da eficiência", *in* Revista Trimestral de Direito Público, 31/2000, Malheiros editores, SP, p.47 e seguintes, quando pondera que o ideal de eficiência se incorpora à legalidade, numa perspectiva material. Trata-se de um princípio que não tem matizes ideológicos, até mesmo porque vinha sendo trabalhado já antes da Constituição de 1988 e, portanto, da Emenda 19/98, como condicionante dos deveres públicos. O autor alerta para a necessidade de uma Administração Pública mais aberta às negociações e processos horizontalizados de decisão, evitando os instrumentos puramente normativos, sancionadores e hierárquicos que caracterizaram outros tempos.

[9] O Governo Federal apresenta suas propostas em termos (substanciais) de reforma da Administração Pública no site do Ministério do Planejamento, Orçamento e Gestão: http://www.planejamento.gov.br. A busca ou a preocupação com pautas de eficácia é evidente. Entre os propósitos governamentais, destaca-se: a) implementação de um modelo de desenvolvimento eqüitativo e com inclusão social; b) redução do déficit institucional; e c) políticas públicas eficientes, transparentes e participativas. A chamada boa gestão pública é um daqueles famosos assuntos de Estado, não apenas de Governo. Consulte-se o plano de Gestão (http://www.planejamento.gov.br/arquivos_down/seges/gestao_publica_para_uma_brasil_de_todos.pdf) do Governo LULA.

[10] Há uma gama enorme de congressos e eventos envolvendo assuntos relacionados à Nova Gestão Pública. Consultem-se os seguintes sites: www.egeponline.com, www.enap.gov.br, www.clad.org.ve, www.inap.gov.ar e http://www.unpan.org. No temário dos principais eventos europeus e latino-americanos sobre Gestão Pública, constam alguns dos seguintes temas, todos denunciando a atual pauta de preocupações de especialistas: Gestão do Conhecimento, Reforma do Estado, Reconstrução do Estado, Capacitação por Competências, Gestão Centrada na Eficiência e na Qualidade, dentre outros.

[11] Sobre a necessidade de qualidade no setor público, observe-se o que diz o Banco Mundial, quando refere uma de suas funções primordiais: "Um dos papéis fundamentais do Banco é ajudar os governos a trabalhar melhor em nossos países clientes. Os objetivos do grupo do Setor Público são baseados na visão de que o Banco deve concentrar seus esforços em construir eficientes e responsáveis instituições públicas – em vez de simplesmente conceder conselhos discretos sobre diretrizes. Uma grande lição (...) é a de que boas diretrizes não são suficientes – que o banco não pode deixar-se olhar para o outro lado quando um país é profundamente infestado por instituições públicas disfuncionais que limitam responsabilidade, determinam regras perversas para o jogo, e são incapazes de desenvolvimento sustentável. Dois objetivos principais do Grupo do Setor Público são: 1. Reforçar e aprofundar o trabalho do Banco na reforma institucional do setor público, e modelar e ajudar a implementar estratégias anticorrupção.". Disponível em http://www1.worldbank.org/ publicsector/overview.htm#7. Acesso em 05/04/2004. Também o Fundo Monetário Internacional recomenda padrões de qualidade e excelência no setor público, principalmente no que tange à "sustentabilidade financeira", *verbis*: "Dada a importância da sustentabilidade para os diversos aspectos do trabalho do fundo, já existe uma série de instrumentos em uso para avaliá-la. Em geral, três aspectos da sustentabilidade são analisados no decorrer do trabalho do Fundo: sustentabilidade externa global, sustentabilidade fiscal e sustentabilidade do setor financeiro". Thimothy GEITHNER, "Avaliação de

III – Os novos paradigmas e sua densidade operacional

Atualmente, a impressão que se tem, ainda que superficial, no Brasil e na América Latina como todo, é que a chamada Nova Gestão Pública está mais no papel do que na realidade dos cidadãos.[12]

Assim, resultaria necessário estimular pesquisas de campo, análises comparativas, estatísticas, métodos de controles dos novos paradigmas no setor público brasileiro. Este é um universo ideal para os trabalhos científicos multidisciplinares. Como está a qualidade de nossa gestão pública?[13] Quantas e quais Secretarias ou Ministérios contam com quadros próprios de servidores concursados, dentro de processos legítimos, transparentes e controlados, de molde a dar estabilidade e continuidade às políticas públicas de qualidade, independentemente dos partidos políticos de plantão?

A superação do estágio weberiano, de uma Administração Pública burocraticamente estável, é um dos pressupostos para avançarmos rumo à Gestão Pública contemporânea. Afinal, falar em eficiência, qualidade, e todos os demais pilares da boa gestão pública, sem antes passarmos pela

---

Sustentabilidade, preparado pelo Departamento de Elaboração e Exame de Políticas em consulta com os Departamentos de Assuntos Monetários e Cambiais, Jurídico e de Mercados Internacionais de Capitais e de Pesquisa". Fundo Monetário Internacional, Washington DC., 28 de maio de 2002. Disponível em http://www.sefaz.ap.gov.br/curso_de_financas/data/pdf/P-8.pdf. Data de acesso: 05/04/2004.

[12] Certamente apenas um enorme conjunto de pesquisas coordenadas entre si poderia encontrar satisfatórias respostas. Os indicadores deveriam ser buscados de forma global e harmônica. Em geral, iniciativas isoladas têm sido a tônica. Repare-se na perspectiva latino-americana de Francisco Longo MARTINEZ e Koldo Echebarria ARIZNABARRETA, *La nueva gestión pública en la reforma del núcleo estratégico del Gobierno: experiencias latinoamericanas*, Banco Interamericano de Desarrollo, novembro de 2000.Disponível em www.iadb.org/sds/doc/sgc-estudioCLAD.pdf . Acesso em 18/03/2004. Os autores enfatizam as múltiplas formas de abordagem da chamada Nova Gestão Pública. A perspectiva gerencial é apenas uma das importantes facetas. Em realidade, dentro do que se poderia conceituar como Nova Gestão Pública, podem caber variadas técnicas de gestão e modelos, a saber, dentre outros, os modelos com ênfase na eficiência, nos contratos ou nos serviços. Há muitos subsistemas de gestão possíveis. A importância da criação de mecanismos de avaliação e prestação de contas (das políticas públicas), na América Latina, é evidente. Da mesma forma, a racionalização dos procedimentos administrativos, a incessante busca de qualidade dos serviços públicos, a melhora da gestão dos recursos humanos (profissionalização dos empregos públicos, melhora dos instrumentos de gestão das pessoas) são, juntamente com a descentralização e participação dos cidadãos, fatores imprescindíveis a qualquer reforma que pretenda implantar modelos de Nova Gestão Pública. Daí que, no contexto latinoamericano, a Nova Gestão Pública, por evoluir no plano normativo, porém carecer, não raro, de respaldo político, pode considerar-se ao mesmo tempo uma realidade e ficção. Há que se considerar os fatores culturais, políticos, de interesses e institucionais. Resulta necessário efetuar, promover e implementar as transformações indispensáveis ao processo de implantação de modelos de Nova Gestão Pública, fazendo com que o discurso saia do papel e dos textos diretamente rumo à realidade institucional e política.

[13] Sobre programas de qualidades, veja-se a importantíssima iniciativa do Programa Gaúcho de Qualidade e Produtividade – PGQP, o qual pode ser acessado no endereço http://www.portalqualidade.com/programas/pgqp/index.asp

consolidação de uma máquina administrativa estável e bem estruturada, é, no mínimo, incorrer num intolerável equívoco discursivo.[14]

Deve-se controlar o nepotismo, em sentido *lato*, dentro do setor público.[15] Isso implica considerar o problema dos critérios nas nomeações dos cargos em confiança. Não se pode aceitar que a máquina administrativa, longe dos requisitos de qualidade e produtividade, seja preenchida como instrumento de troca de favores de qualquer espécie. Há cargos que, mesmo sendo em confiança, são sobretudo técnicos, devendo ser técnicos os critérios para seu preenchimento.

Além disso, torna-se imperioso fomentar pesquisas comparativas sobre os critérios de merecimento nas carreiras públicas, bem assim a efetiva obediência às regras estruturantes do mérito dos agentes públicos.

Institutos decorrentes das recentes modificações no cenário público nacional, tais como as novas concessões, terceirizações, parcerias, privatizações, flexibilizações e regramentos comuns aos Primeiro, Segundo e Terceiro setores, todos esbarram, ou podem esbarrar, nas históricas dificuldades estruturais da máquina administrativa. Não significa, por certo, que se devam abandonar tais fórmulas. Antes pelo contrário, deve-se usá-las em conjunto com o fortalecimento da máquina pública.

---

[14] Sobre as novas tendências de modernização do Estado, leia-se também o escrito de Carolina TOHÁ e Ricardo SOLARI, "A modernização do Estado e a gerência pública", *Revista do Serviço Público*, ed. Escola Nacional do Serviço Público, ano 48, número 03, set-dez de 1997, pp. 84 e ss, Brasília. Os autores apontam, dentre outros problemas, o fato de que o maior grau de autonomia e flexibilidade da gerência em relação aos burocratas tradicionais pode apresentar sérios riscos de corrupção e de indiferença em relação à vocação de serviço público, em caso de não estar acompanhado por medidas adicionais de gestão e de fortalecimento institucional (p.100).

[15] Há algumas regras esparsas na Administração Pública brasileira sobre nepotismo. Confiram-se o art. 44, *caput*, do Decreto Lei nº 1.202/39; art. 117, inciso VIII, da Lei nº 8.112/90; arts. 355, § 7º e 357, parágrafo único, do Regimento Interno do Supremo Tribunal Federal; art. 326 do Regimento Interno do Tribunal Regional Federal da 4ª Região; art. 110, inciso IV, parágrafo único, da Lei nº 8.443/92; art. 10, *caput*, da Lei 4.911/96; o art. 4º, parágrafo único, da Lei Estadual nº 7.451, de 19 de julho de 1991, que criou cargos no quadro do Tribunal de Justiça de São Paulo; art. 20, § 5º, da Constituição do Estado do Rio Grande do Sul, com a redação determinada pela Emenda nº 12/95; e art. 25, *caput*, da Lei Estadual nº 3.899/02, que dispôs sobre o quadro permanente de serviços auxiliares do Ministério Público do Estado do Rio de Janeiro. Apesar do crescente tratamento legal da matéria, não se contemplam todas suas modalidades de favorecimento indevido de pessoas no interior das Administrações Públicas. Por exemplo, quando se proíbe a contratação de parentes dentro de uma Instituição, não raro permanece aberta a porta para "troca de parentes" entre servidores de Instituições distintas. De outro lado, o problema dos parentes é apenas uma parte dessa complexa realidade, que pode envolver pessoas companheiras, amigos íntimos, ou parcerias de partidos políticos. Não se pode olvidar que, de outro lado, há também a ótica de quem se vê barrado de ingressar no setor público, por ostentar alguma espécie de vínculo com servidores. Daí a importância de valorizar os concursos públicos, as funções gratificadas elevadas, e os critérios objetivos para preenchimento de cargos em confiança.

IV – Nova gestão em segurança pública: panorama pontual dos problemas no contexto geral brasileiro

Reflexões em torno ao diagnóstico e aos rumos da Nova Gestão Pública não constituem propriamente uma abordagem de problemas jurídicos, com altas controvérsias hermenêuticas. É verdade que a boa Gestão Pública envolve uma teia de relações jurídicas derivadas da Magna Carta, passando por todo um sólido conjunto de dispositivos legais federais, estaduais e municipais, hoje permeados pelas exigências de eficiência e moralidade administrativas.[16] O certo, no entanto, é que o problema da efetividade desses e de outros semelhantes dispositivos não é, obviamente, apenas de ordem normativa ou de interpretação, mas de vontade política dos governantes.[17]

---

[16] Nos Estados, por força dos arts. 24, *caput* e incisos, e 25, § 1º, da Carta Magna, há fartas competências para legislar em matérias de Direito Administrativo, sobretudo no tocante à boa gestão pública, o que se aplica igualmente aos Municípios. Não se pode olvidar da previsão de normas de Direito Administrativo, vinculando os gestores à busca de resultados, nos seguintes diplomas estaduais, dentre outros: na Constituição do Estado do Rio Grande do Sul, art. 19, *caput* e incisos; art. 71, § 5º; art. 98, *caput*, e art. 125, *caput*.; na Constituição do Estado de São Paulo, art. 111, *caput* e art. 122, caput; na Constituição do Estado do Paraná, art. 27, *caput* e incisos; art. 49, *caput*; e art. 78, inciso II; na Constituição do Estado do Rio de Janeiro, art. 77, *caput* e incisos, e art. 129, inciso II; na Constituição do Estado de Minas Gerais, art. 13, *caput* e incisos; art. 40, inciso I; art. 81, inciso II; art. 134, § 1º, inciso VI. Especificamente em matéria de eficiência, eficácia ou economicidade, consultem-se os seguintes dispositivos: arts. 37, *caput*; 70, *caput*; 74, *caput*, inciso II; 144, *caput*, § 7º; 173, *caput*, § 5º, todos da Constituição Federal. Os principais diplomas legais federais, em matéria de gestão pública, são, entre muitos outros, os seguintes:, Lei nº 8.027/90 (Servidores Públicos), Lei nº. 8.666/93 (Licitações), Lei nº 8.429/92 (Improbidade Administrativa), Lei nº 8.987/95 (Concessão de Serviços Públicos), Lei 9.784/99 (Processo Administrativo). Não se olvide de toda a legislação federal sobre Agências Reguladoras e outros institutos relacionados à gestão pública. Há uma farta legislação estadual e municipal sobre o tema.

[17] João PROENÇA, "Uma reforma necessária: diálogo ou imposição?", *in 1º Congresso Nacional da Administração Pública*: Os Vectores de Mudança, em importante Congresso Nacional da Administração Pública, em Lisboa, novembro de 2003, fez críticas e observações aos ataques constantes a que vem sendo submetido o modelo burocrático de Administração Pública, ressaltando que muitos desses ataques seriam simplesmente injustificados, embora numerosos aspectos de mudança merecessem destaque na pauta das reformas administrativas. O autor aponta a necessidade de as mudanças não ficarem apenas no papel – mudam-se as leis, para que nada mude, eis uma regra comum –, de tal sorte que se procedam alterações fundadas na necessidade, viabilidade e efetiva transformação da realidade. O autor aproveita para sinalizar ao menos 07 (sete) áreas decisivas para uma correta reforma da Administração Pública portuguesa: (a) melhoria da gestão, apostando-se na competência e responsabilização dos dirigentes, na base de uma gestão por objetivos, avançando-se, igualmente, na descentralização e profissionalização (ampliando os cargos concursados); (b) estabilização da Administração Pública, de modo que fique independente de quem a governa, tornando-se mais impessoal e menos marcada pela fisionomia do governante de plantão; (c) estabilidade não deve significar rigidez, havendo que estabelecer um quadro de adaptação às mudanças, o que não significa a possibilidade de uma permanente alteração da organização interna dos serviços, em função de critérios pessoais ou para satisfação de clientelas. Pergunta o autor: há alguma empresa que resista a alterações constantes de sua organização interna? (d) Uma Administração de excelência, organizada para servir Governos, quaisquer que eles sejam; (e) aposta firme na formação de pessoas, com planos anuais e plurianuais, reforçadas as políticas de longo prazo; (f) mobilidade funcional e entre organismos, situando-se os trabalhadores em função de necessidades a satisfazer, não apenas por meios

Atualmente, de modo geral, a judicialização das políticas públicas traduz uma última e desesperada reação social, através de mecanismos institucionais de pressão, contra a omissão dos governantes e gestores públicos.

Ao tornarmos comum tal prática, pode ocorrer provável politização dos órgãos fiscalizadores, com sua participação ativa na formulação e implementação de políticas públicas originariamente de competência do Poder Executivo, sem o preparo técnico especializado para tanto.

De modo global, a falta de políticas públicas no combate à miséria, ao desemprego e às desigualdades sociais são fatores que, por si sós, constituem estímulo evidente a múltiplos tipos de criminalidade, desde a violência doméstica, passando pelo tráfico ilícito de drogas, homicídios, ou delitos contra o patrimônio.

Existe também um déficit estrutural histórico de políticas públicas comprometidas com resultados na área da prevenção e da repressão, talvez em decorrência da falta de percepção crítica sobre os horizontes, talvez porque, em determinados momentos históricos, os investimentos nessa seara não traziam retorno eleitoral direto.

As carências do Estado brasileiro no terreno da segurança pública são múltiplas. Destacam-se, entre outras, as seguintes: (a) falta de recursos humanos disponíveis, fruto de uma visão dissociada das necessidades sociais, amesquinhando-se os quadros das polícias frente ao novo contexto de criminalidade crescente; (b) falta de qualificação adequada dos recursos humanos, incluindo-se o tema da precária política remuneratória e da ausência de cursos permanentes de aprimoramento funcional; (c) falta de investimentos no setor de inteligência e de integração entre as forças policiais, alimentando-se lutas corporativas cegas e mesquinhas, deixan-do-se de lado o caminho da valorização das técnicas de inteligência para priorizar técnicas menos importantes; (d) falta de investimentos no apri-moramento das técnicas mais modernas de prevenção e repressão à crimi-nalidade; (e) falta de investimentos no controle dos órgãos policiais, criando-se ambientes propícios à impunidade "interna corporis" ou à to-lerância para com a ineficiência generalizada; (f) falta de investimentos no setor prisional como um todo, ampliando-se os ambientes descontrola-dos e corrompidos, com franca expansão da criminalidade organizada a partir da rede de presídios, além do agravamento da situação pessoal dos apenados, que reincidem invariavelmente na criminalidade; (g) ausência

---

coercitivos, mas sobretudo por normas premiais; (g) avaliar e motivar os servidores públicos, com seu franco envolvimento participativo, porque nenhuma reforma prospera se for contra os servidores, sendo que a motivação passa também por recompensar o mérito e punir o desinteresse ou falta de mérito; (h) fortalecimento de uma cultura de Administração Pública, assente nos valores do serviço público, na competência, integridade e imparcialidade administrativa.

de sólidos e consistentes programas de proteção a testemunhas e vítimas, enfraquecendo-se os instrumentos de produção da prova criminal no combate aos ilícitos organizados.

Diante do contexto da Nova Gestão Pública, quais as respostas mais adequadas ao desafio da gestão em segurança pública?

V – Da nova gestão pública à nova gestão da segurança pública: alguns apontamentos gerais

Considerando que a criminalidade não tem fronteiras, nem nacionais, nem internacionais,[18] resulta imperioso reconhecer a necessidade de construção de políticas nacionais na área da segurança pública.

---

[18] A questão do crime transnacional é cada vez mais pulsante. Em um âmbito internacional, um dos primeiros passos para o combate deste tipo de delito foi a criação do Centro Internacional para a Prevenção do Crime (CICP), órgão integrante do Escritório das Nações Unidas contra Drogas e Crime. Em 9 de dezembro de 1998, a Assembléia Geral das Nações Unidas determinou, através da resolução 53/111, a criação de um comitê de trabalho com fim específico de elaborar uma convenção internacional sobre o combate às atividades do crime organizado transnacional. Como fruto destes trabalhos, surgiu a Convenção das Nações Unidas contra o Crime Organizado Transnacional, também conhecida como Convenção de Palermo, a qual foi adotada pelas Nações Unidas em 15 de novembro de 2000. Ela é suplementada por três protocolos, os quais abordam áreas específicas de atuação do crime organizado, a saber: a) Protocolo para Prevenir, Suprimir e Punir o Tráfico de Pessoas, especialmente Mulheres e Crianças; b) Protocolo contra o Contrabando de Imigrantes por Terra, Ar e Mar; e c) Protocolo contra a Fabricação Ilegal e o Tráfico de Armas de Fogo, inclusive Peças, Acessórios e Munições. Os dois primeiros são instrumentos em prol da causa dos direitos humanos, marcados pela preocupação com a dignidade e com os direitos individuais do homem. Percebe-se, neste contexto, a importância de as políticas nacionais seguirem diretrizes e políticas internacionais de proteção e respeito aos direitos humanos. Neste diapasão, o Brasil promulgou a convenção acima referida, por intermédio do decreto nº 5.015, de 12 de março de 2004. Nas palavras de Giovanni Quaglia, "... os padrões de ações delineados pela Convenção de Palermo estabelecem objetivos a serem atingidos pelos estados-membros e formam a base comum para a cooperação internacional, que representa um ponto de inflexão no combate a esse tipo de crime. O sucesso desses esforços exige o comprometimento de cada país com os termos da Convenção pois não é possível se obter resultados significativos nessas ações se existirem elos fracos na corrente." Fonte: Giovanni QUAGLIA. *Crime organizado internacional: a resposta das Nações Unidas.* Discurso proferido no Simpósio Internacional "Combate ao Crime Organizado: Defesa da Ordem Democrática". Brasília: 03/06/2003. Disponível em: http://www.unodc.org/brazil/pt/articles_speechs_simposio _crime_organizado.html. Data de Acesso: 11/05/2004. É importante ressaltar a relevância, nesse cenário, da Corte Penal Internacional, cujo estatuto foi promulgado no Brasil por intermédio do Decreto nº 4.388, de 25 de setembro de 2002. Compete ao citado tribunal, conforme seu artigo 5º, apreciar os crimes de genocídio, os crimes contra a humanidade, os crimes de guerra e o crime de agressão. Existem, ainda no âmbito da ONU, algumas convenções sobre a prevenção de tais crimes, obrigando os Estados signatários a combatê-los e puni-los, os quais comprometem-se a instituir legislação penal sobre tais delitos. Como exemplo, podem ser citadas as seguintes convenções: a) Convenção para a prevenção e a repressão do crime de genocídio (1948); b) Convenção Internacional sobre a eliminação de todas as formas de discriminação racial (1965); c) Convenção sobre a Imprescritibilidade dos Crimes de Guerra e dos Crimes Contra a Humanidade (1968); e Convenção contra a tortura e outro tratamentos ou penas cruéis, desumanos ou degradantes (1984), dentre outras. Para acessar tais convenções, bem como outras existentes, basta navegar até o site http://www.dhnet.org.br/direitos/sip/onu/textos/Principais.html.

Os Estados detêm as forças públicas aptas ao enfrentamento do problema. O que resulta importante é frisar a imprescindibilidade de uma política nacional de fomento à segurança pública, porque o federalismo não pode traduzir fragmentação ou isolacionismo dos entes federativos. Para que tais mudanças possam se materializar, a existência de um diálogo permanente entre os Estados e com a União é saudável. Também a ocorrência de uma globalização dos mecanismos de combate à criminalidade, seja na forma preventiva, seja na repressiva. A construção de ambientes propícios à continuidade administrativa das políticas públicas é essencial, com a despartidarização da máquina administrativa[19] e, além disso, uma perspectiva de despersonalização dessa mesma máquina.

Deve-se buscar a formação de um quadro de altos técnicos em segurança pública, tanto no âmbito da Secretaria Nacional de Segurança Pública,[20] quanto no campo das Secretarias Estaduais espalhadas por todo o

---

[19] Este foi um dos pilares lançados originariamente pela Secretaria da Justiça e da Segurança do Rio Grande do Sul, no início de 2003. Curiosamente, nos Estados do Rio Grande do Sul, Paraná, São Paulo e Rio de Janeiro encontram-se os seguintes pontos comuns de propostas de gestão: a) modernização administrativa com eliminação de procedimentos desnecessários e burocracia; b) constituição de "forças-tarefa" para execução de ações preventivas e investigatórias relevantes e urgentes, disponibilizando todos os meios necessários ao cumprimento da missão; c) busca de qualidade total em todos os serviços e níveis, através da formação e qualificação de servidores em escolas especializadas, via realização de ciclos de conferências, seminários, congressos e cursos no Brasil e no Exterior, visando ao seu constante aperfeiçoamento profissional, técnico e moral, com o apoio de entidades de ensino governamentais. d) estabelecimento de parcerias com a iniciativa privada e com o terceiro setor, a fim de efetuar intercâmbio de experiências e integração com os mais variados segmentos da sociedade. Grande parte de tais diretrizes encontram-se no site da Secretaria de Segurança Pública e Justiça de Goiás, que pode ser acessado em http://www.sspj.go.gov.br/diretriz.php. Data de Acesso: 14/05/2004.

[20] Essa Secretaria foi criada pelo Decreto nº 2.315, de 4 de setembro de 1997, decorrente de transformação da antiga Secretaria de Planejamento de Ações Nacionais de Segurança Pública – SEPLANSEG. A SEPLANSEG foi criada no Governo Fernando Henrique Cardoso através da MP 813, de 1º de janeiro de 1995, mais tarde Lei nº 9.649, de 27 de maio de 1998. Além de possuir as atribuições e competências inerentes ao Ministério da Justiça, ao qual é vinculada, à Secretaria Nacional de Segurança Pública compete, conforme o art. 14 e incisos, do Decreto nº 4991 de 18 de fevereiro de 2004, as seguintes tarefas: I – assessorar o Ministro da Justiça na definição, implementação e acompanhamento da Política Nacional de Segurança Pública e dos Programas Federais de Prevenção Social e Controle da Violência e Criminalidade; II – planejar, acompanhar e avaliar a implementação de programas do Governo federal para a área de segurança pública; III – elaborar propostas de legislação e regulamentação em assuntos de segurança pública, referentes ao setor público e ao setor privado; IV – promover a integração dos órgãos de segurança pública; V – estimular a modernização e o reaparelhamento dos órgãos de segurança pública; VI – promover a interface de ações com organismos governamentais e não governamentais, de âmbito nacional e internacional; VII – realizar e fomentar estudos e pesquisas voltados para a redução da criminalidade e da violência; VIII – estimular e propor aos órgãos estaduais e municipais a elaboração de planos e programas integrados de segurança pública objetivando controlar ações de organizações criminosas ou fatores específicos que gerem índices de criminalidade e violência, bem como estimular ações sociais de prevenção da violência e criminalidade; IX – exercer, por seu titular, as funções de Ouvidor-Geral das Polícias Federais; X – implementar, manter e modernizar o Sistema Nacional de Informações de Justiça e Segurança Pública – INFOSEG; XI – promover e coordenar as reuniões do Conselho Nacional de Segurança Pública – CONASP; e XII – incentivar e acompanhar a atuação dos Conselhos Regionais de Segurança Pública. Disponível em http://www.mj.gov.br/senasp/senasp/insitucional.htm. Data de Acesso: 14/05/2004.

país. Esses técnicos, concursados, estáveis, muito bem remunerados e altamente exigidos, deveriam submeter-se a critérios nacionalmente unificados de escolhas, de tal forma que pudessem encarnar um ideário pactuado entre os Estados e a União.

Nas Secretarias Estaduais, criar estruturas enxutas, porém viabilizadoras da continuidade administrativa, uma das maiores carências nesse setor. As Secretarias Nacional e Estaduais poderiam contar com Departamentos independentes, operacionalmente descentralizados e situados nas mãos de alguns desses novos gestores.

A criação de um Departamento Nacional de Estatísticas Criminais,[21] e de Departamentos Estaduais, ao abrigo de critérios e políticas nacionais, seria uma enorme conquista à coletividade A Estatística criminal é uma importante ferramenta[22] que, em consonância com serviços de Inteligência Policial, pode ser utilizada na estruturação das políticas criminais de curto, médio e longo prazos.

É necessário criar ambientes viabilizadores de políticas públicas contínuas e estáveis, sem as quais de nada adiantarão eventuais passagens brilhantes dos gestores de plantão, porque suas idéias não terão seqüência nos governos posteriores. Importante ocorrer a valorização dos recursos humanos, com políticas remuneratórias condizentes com as elevadas atribuições das categorias envolvidas na área da segurança pública.

---

[21] No âmbito mundial, em especial na ONU, já é comum a realização de estatísticas criminais, a fim de guiar e orientar a atuação dos órgãos responsáveis pelo combate ao crime. Como afirma George Felipe de Lima DANTAS, *A gestão científica da Segurança Pública: Estatísticas Criminais*, disponível em http://www.vivaciencia.com.br/03/03_01_002.asp. Data de Acesso: 14/05/2004, "A necessidade dos produtos informacionais da análise das estatísticas criminais é hoje tão pacificamente aceita que, de acordo com o Centro para Prevenção Criminal Internacional da Organização das Nações Unidas (ONU), 'um número crescente de países contribui com as pesquisas criminais globais realizadas pela ONU, no que diz respeito a estatística de delitos de ocorrência clássica (homicídios, roubos, estupros, arrombamentos, fraudes e lesões corporais)'. Ou seja, a estatística criminal já é prática doméstica tão consagrada nos países da comunidade internacional que passou a ser sistematicamente consolidada em documentos globais da ONU". O órgão responsável pela coleta de dados, na ONU, é o Centro Internacional de Prevenção ao Crime, que faz parte da rede de informações sobre crime e justiça das Nações Unidas. Para acessar relatórios, convenções e demais documentação relativa a estatísticas criminais e combate e prevenção ao crime, basta acessar http://www.uncjin.org/.

[22] No cenário mundial, os Estados Unidos possuem órgão nacional de estatísticas criminais, vinculado ao Departamento de Justiça, denominado *Bureau of Justice Statistics*, o qual pode ser acessado no endereço http://www.ojp.usdoj.gov/bjs/. No citado endereço podem ser visualizadas estatísticas a respeito de crimes, vítimas, tipos de criminosos, taxas de incidência criminal, etc. Na Inglaterra, o órgão responsável pela realização de estatísticas, incluindo as criminais, é a Diretoria de Pesquisa, Desenvolvimento e Estatísticas *(Research, Development and Statistics Directorate* – RDS), que é vinculado ao Ministério do Interior. Tal instituto também possui contato com o Departamento Nacional de Estatísticas. Precisamente quanto às estatísticas criminais, existe endereço onde pode ser encontrada vasta quantidade de material, incluindo relatório que cobre o período de 2002-2003, abarcando a Inglaterra e Wales: http://www.homeoffice.gov.uk/rds/bcs1.html.

Existem, ainda, modernas tecnologias que devem ser incorporadas ao cotidiano dos novos gestores públicos. Essas novas tecnologias atingem variados campos: (a) informática, e toda a repercussão no campo preventivo, repressivo e das estatísticas criminais, com otimização das atividades e resultados; (b) equipamentos especializados, capazes de viabilizar operações na área de inteligência destinadas à detecção de dispositivos clandestinos de espionagem ou outras espécies de monitoramento ilícito das autoridades públicas; (c) sistemas de comunicação aptos a rastrear ligações e identificar e prever atividades de grupos criminosos, em níveis de detalhamento e cruzamento de informações, na órbita da inteligência artificial; (d) novos tipos de armamentos, não letais porém com alto poder repressivo.

No campo da informação e do conhecimento, tem-se que novos padrões de condutas têm sido adotados, tais como a) novos sistemas de gestão e tomada de decisões, baseados na eficiência e qualidade; b) valorização e especificação de competências, c) gestão do conhecimento, com uso de novas tecnologias e novas alternativas em busca de resultados otimizados.

É importante o estabelecimento de parcerias do Estado e da comunidade. Segurança Pública não é assunto apenas para os entes públicos, em parceria. Não basta que Estados, União e Municípios estejam em sintonia, unidos, coerentes.

Experiências como as de Polícia Comunitária, ou suas variantes, certamente são positivas.[23] Há que se abrir espaços à iniciativa privada, às Organizações Não-Governamentais, ao terceiro setor como um todo, para sugestões e participação efetiva na gestão da segurança pública.

Em suma, a integração das polícias (respeitadas suas peculiaridades), os investimentos em tecnologia e recursos humanos, a valorização da

---

[23] O policiamento comunitário, ou seja, o estabelecimento de parcerias entre a polícia e a comunidade em geral, com o objetivo de identificar e diminuir focos de criminalidade, bem assim estabelecer uma relação de confiança mútua, já possui experiências de sucesso. No Rio Grande do Sul, por exemplo, vale a pena citar a existência dos Conselhos Comunitários Pró-Segurança Pública – CONSEPROS, que tem a função de auxiliar a Secretaria de Justiça e de Segurança no combate ao crime, levando àquele órgão as demandas dos municípios e regiões do Estado. Em São Paulo, o endereço http://www.polmil.sp.gov.br/unidades/dpcdh/html/pag_polcom_atual.html dá consideráveis subsídios a respeito da implantação da Polícia Comunitária naquele Estado, que começou em outubro de 1997. Na Argentina, no município de Mendonza, o policiamento comunitário é uma realidade. Naquela cidade, ocorrem reuniões periódicas entre comerciantes e policiais, a fim de que estes recebam dados periódicos sobre as demandas daquele setor da sociedade. Maiores detalhes no seguinte endereço eletrônico: http://bel.unq.edu.ar/bel/experiencia.asp?Num=187. Para maior aprofundamento do tema, podem ser acessados os seguintes sites, ambos nos Estados Unidos: http://www.communitypolicing.org/index.html e http://www.cops.usdoj.gov/. Ocorrerá, inclusive, evento versando sobre o tema, intitulado *"Community Policing for America's Future COPS" 2004 National Community Policing Conference"*, planejado para os dias 21, 22 e 23 de junho de 2004, em Washington, DC.

inteligência policial, a utilização de estatísticas criminais para estabelecimento de vetores de combate ao crime, a proteção a minorias, a criação de Delegacias Especializadas para combate de crimes e a realização de cursos de aperfeiçoamento dos profissionais da área de Segurança Pública, são alguns dos vetores atuais sobre Políticas Públicas de Segurança Pública, necessários para a materialização e efetivação da Nova Gestão Pública.

As experiências isoladas de boa gestão – presentes ontem, hoje e sempre – não lograram a necessária continuidade e o imprescindível aprimoramento no decurso temporal, precisamente por haverem ficado isoladas. É isso que precisa mudar, se pudéssemos resumir a essência das propostas ventiladas neste espaço: necessitamos de qualidade contínua e crescente na gestão pública brasileira, alavancando soluções inovadoras, criativas e comprometidas com um olhar retrospectivo e prospectivo.

Referencial bibliográfico

BEL – *Banco de Experiencias Locales* – http://bel.unq.edu.ar/bel/experiencia.asp?Num=187.

BRESSER PEREIRA, Luiz Carlos. "Uma reforma gerencial da Administração Pública no Brasil", *in Revista do Serviço Público*, ano 49, I, janeiro/março de 1998, p. 5 e ss.

———. "Uma nova gestão para um novo Estado: liberal, social e republicano", *Revista do Serviço Público*, ed. Escola Nacional do Serviço Público, ano 52, número I, jan-mar de 2001, Brasília.

BRUGUÉ, Quim e SUBIRATS, Joan. *Lecturas de Gestión Pública*, Madrid: Ministério de Administraciones Públicas, Boletín Oficial del Estado, 1996

Bureau of Justice Statistics, http://www.ojp.usdoj.gov/bjs/

Centro Latinoamericano de Administración para el Desarrollo – www.clad.org.ve.

DANTAS, George Felipe de Lima. *A gestão científica da Segurança Pública: Estatísticas Criminais*. Disponível em http://www.vivaciencia. com.br /03/03_01 _002.asp. Data de Acesso em: 14/05/2004

DHNet – Textos Principais do Sistema Global de proteção aos Direitos Humanos. http://www.dhnet.org.br/direitos/sip/onu/textos/Principais.html.

DOVONON, Valentin K. *Methode de la nouvelle gestion publique: responsabilité, accessibilité, productivité, resultats et clients, etc.*, CAFRAD – Centre africain de formation et de recherche administratives pour le développement, Tanger, Marrocos, 2001, disponível em http://unpan1.un.org/intradoc/groups/public/documents/cafrad/unpan002329.pdf, acesso em 15/03/2004,

Escola Brasileira de Gestão Pública – www.egeponline.com

Escola Nacional de Segurança Pública – www.enap.gov.br

ESTRADA, Francisco Moyado, *Gestión pública y calidad: hacia la mejora continua y el rediseño de las instituciones del sector público*. CLAD – Centro Latinoamericano de Administracion para el Desarrollo, Lisboa, Portugal, 2002. Disponível em http://unpan1. un.org/intradoc/groups/public/documents/clad/clad0043302.pdf. Acesso em 22/03/2004.

GEITHNER, Thimothy. *Avaliação de Sustentabilidade*, preparado pelo Departamento de Elaboração e Exame de Políticas em consulta com os Departamentos de Assuntos Monetários e Cambiais, Jurídico e de Mercados Internacionais de Capitais e de Pesquisa. Fundo Monetário Internacional, Washington DC., 28 de maio de 2002. Disponível em http://www.sefaz.ap.gov.br/curso_de_financas/data/pdf/P-8.pdf. Acesso em 05/04/2004.

Instituto Nacional de Administración Pública. www.inap.gov.ar.

LOPEZ, Andréa, *La Nueva Gestión Pública: algunas precisiones para su abordaje conceptual*. Série I, Desarrollo Institucional y Reforma del Estado, documento número 68, INAP – Instituto Nacional de Administración Pública, Argentina, 2003. Disponível em http://www.inap.gov.ar/publicaciones/docs/reforma/ngpfinal.PDF. Acesso em 19/03/2004.

MARTINEZ, Francisco Longo e ARIZNABARRETA, Koldo Echebarria. *La nueva gestión pública en la reforma del núcleo estratégico del Gobierno: experiencias latinoamericanas*, Banco Interamericano de Desarrollo, novembro de 2000. Disponível em www.iadb.org/sds/doc/sgc-estudioCLAD.pdf. Acesso em 18/03/2004.

Ministério do Planejamento, Orçamento e Gestão, http://www.planejamento.gov.br.

MILESKI, Helio Saul. *O controle da gestão pública*, São Paulo: RT, 2003.

MODESTO, Paulo. "Notas para um debate sobre o princípio da eficiência", *in Revista Trimestral de Direito Público*, 31/2000, São Paulo: Malheiros editores, p. 47 e ss.

Programa Gaúcho de Qualidade e Produtividade – PGQP, http://www.portalqualidade.com/programas/pgqp/index.asp.

Plano Nacional de Segurança Pública, http://www.mj.gov.br/noticias/2003/abril/pnsp.pdf, Data de Acesso: 10/05/2004.

PROENÇA, João. "Uma reforma necessária – diálogo ou imposição?". *Palestra apresentada no 1º Congresso Nacional da Administração Pública*: Os Vectores de Mudança. Lisboa: 10 de novembro de 2003. Disponível em www.ugt.pt/SG_10_11_2003.pdf. Acesso em 18/03/2004

QUAGLIA, Giovanni. "Crime organizado internacional: a resposta das Nações Unidas". *Discurso proferido no Simpósio Internacional "Combate ao Crime Organizado: Defesa da Ordem Democrática"*. Brasília: 03/06/2003. Disponível em: http://www.unodc.org/brazil/pt/articles_speechs_simposio_crime_organizado.html. Acesso em 11/05/2004.

Secretaria de Segurança Pública e Justiça de Goiás, http://www.sspj.go.gov.br/diretriz.php. Acesso em 14/05/2004

Secretaria Nacional de Segurança Pública, http://www.mj.gov.br/senasp/senasp/insitucional.htm. Acesso em 14/05/2004.

TOHÁ, Carolina; SOLARI, Ricardo. "A modernização do Estado e a gerência pública", *Revista do Serviço Público*, Ed. Escola Nacional do Serviço Público, ano 48, número 03, set-dez de 1997, pp. 84 e ss, Polícia Militar de São Paulo (Projeto de Policiamento Comunitário) – http://www.polmil.sp.gov.br/unidades/dpcdh/html/pag_polcom_atual.html.

Research, Development and Statistics Directorate (RDS), http://www.homeoffice.gov.uk/rds/.

The Community Policing Consortium – http://www.communitypolicing.org/index.html

The COPS Office – http://www.cops.usdoj.gov/

United Nations Crime and Justice Information Network Centre for International Crime Prevention Office for Drug Control and Crime Prevention, http://www.uncjin.org/.

United Nations Online Network in public Administration and Finance http://www.unpan.org

— 3 —

Seguridade social: reforma previdenciária brasileira sob a égide do novo liberalismo[1]

REGINA LINDEN RUARO
Professora de Direito Administrativo da PUCRS, Procuradora Federal,
Doutora em Direito pela Universidade Complutense de Madrid - Espanha

Lorecinda Ferreira Abrão
Colaboradora: bolsista CNPq

Sumário: Resumo; Introdução; Histórico; A reforma; A emenda paralela; O novo Estado liberal; Considerações finais; Referências bibliográficas.

Resumo

Este artigo apresenta, de forma ampla, como está instituída a seguridade social brasileira e de que maneira urge, diante de uma nova concepção de Estado, a reforma previdenciária, bem como mapear as origens da nova orientação liberalista e desvelar de que forma esta permeia as concepções de Estado nas relações sociais, além de sua relação com os sistemas administrativo e econômico, estabelecendo uma relação analítica entre a nova concepção de estado e a organização previdenciária no âmbito das reformas.

Palavras-chave: Seguridade Social, Reforma Previdenciária, Neoliberalismo.

---

[1] Artigo produzido a partir do estudo desenvolvido na linha de pesquisa *Fundamentação de Direito Público* coordenado pela Profª Drª. Regina Linden Ruaro e financiado pelo CNPq.

Introdução

As interações transnacionais que permeiam a conjuntura do mundo atual criam modelos de gerência administrativa aos Estados globalizados. Esse processo *in fine* sempre existiu, mas as raízes do mundo globalizado são bem anteriores à sua denominação moderna. Todavia, é na atualidade que essas interações se encontram mais complexas e intensas de forma a assumir papel fulcral na condução dos processos de desenvolvimento social, político e econômico dos países.

A nova concepção de Estado liberal – advinda ao final da Segunda Grande Guerra como uma reação teórica e política ao estado de bem-estar *welfare state*[2] e sua forma intervencionista – tem como cerne ideológico o combate a qualquer limitação dos mecanismos de mercado por parte do estado, bem como entende que as desigualdades sociais são benéficas para o progresso e prosperidade da coletividade (Perry Anderson, 1995).

A constatação de uma (nova) crise ajudou a impulsionar as reformas iniciadas logo após a chegada ao poder na metade da década de 90. A pretensão era mais ampla do que vencer uma crise circunstancial: era aproveitar a "segunda onda" de reformas estruturais alinhadas com o *Consenso de Washington*[3] (a primeira foi a era Collor) e implementar uma grande reforma na administração pública do país. Bresser Pereira – seu principal mentor, ministro da administração e da reforma do Estado por quatro anos – diagnosticou basicamente quatro crises diferentes no Estado brasileiro: crise política, fiscal, do modo de intervenção e da administração burocrática (Bresser Pereira, 1998. 21-38; 237-270).

O processo de reforma previdenciária brasileira se instituiu em um contexto de reafirmação do neoliberalismo como modelo econômico. O endividamento externo construído historicamente pressiona os mecanismos administrativos estatais a seguirem cartilhas de procedimentos e ajustes que visam a "enxugar" a máquina administrativa, objetivando o adimplemento do débito. Consoante a esse panorama, o critério e a finalidade das reformas, em destaque a reforma previdenciária brasileira, seguem essas diretrizes.

---

[2] Segundo esta concepção, todo o indivíduo teria o direito, desde seu nascimento, a um conjunto de bens e serviços que deveriam ser fornecidos diretamente através do Estado ou indiretamente, mediante seu poder de regulamentação sobre a sociedade civil. Esses direitos iriam desde a cobertura de saúde e educação em todos os níveis, até o auxílio ao desempregado, à garantia de uma renda mínima, recursos adicionais para sustentação dos filhos. (*Welfare State* no Brasil – por André Cezar Médici).

[3] Esta reforma se insere no marco das chamadas reformas estruturais, fomentadas por organismos financeiros internacionais, e que têm sido conhecidas como Consenso de Washington (cf. Wiliamson, 1990). Seu principal objetivo era implementar reformas profundas e abrangentes no país.

As políticas de globalização, portanto, redefiniram o papel do Estado a partir da concepção neoliberalista. Assim, a limitação da atuação do Estado no mercado e a racionalização dos recursos financeiros públicos, incluindo cortes nas áreas sociais, assumem tópicos para o estabelecimento de uma gestão viável conforme a nova ordem capitalista moderna.

Para o desenvolvimento desse artigo, usaremos também a expressão "novo liberalismo" com o objetivo de especificar e evidenciar as peculiaridades e os efeitos que esse sistema produz no Brasil. Esse novo modelo econômico originado da cultura ocidental, dentre os países que compõem o berço do capitalismo, traduz-se na "mola mestra" de todas as reformas econômico-político-sociais ocorridas nos países que sofrem a influência desse bloco central nas últimas décadas. O caso do Brasil vem ao encontro dessas tendências.

Dessa forma, o propósito solidarista do estado de bem-estar pelo qual surge a idéia de seguridade social apresenta-se inconforme com os princípios que fundamentaram o conceito do novo liberalismo.

Histórico

A idéia de seguridade teve sua origem em berço Europeu. Ainda que a França e a Inglaterra sejam consideradas nações iniciadoras da previdência social, foi na Alemanha, em 1883, que se criou um verdadeiro sistema de seguro social, organizado pelo Estado sob a inspiração de Bismarck. Autores há que pretendem vislumbrar as origens da previdência social na Roma e na Grécia antigas, em instituições de cunho mutualista, ao passo que outras a fazem remontar a períodos da história chinesa. É certo citar como fonte da previdência as caixas de socorro, de natureza mutualista, que determinadas corporações profissionais da Idade Média mantinham para seus membros, como os seguros de vida semelhantes, feito principalmente por armadores de navios, a partir do século XVI. A famosa lei dos pobres (*Poor Law*), da Inglaterra, em 1601, de certo modo desvinculou da caridade o auxílio aos necessitados, reconhecendo o Estado a sua obrigação de amparar as pessoas de comprovada necessidade de meios, surgindo, daí, a assistência pública ou social. (Paixão, 2000: 22)

No Brasil, as formas de montepio foram entre nós as formas mais antigas de previdência social, e dessa fase embrionária de assistência são, também, as Santas Casas e sociedades beneficentes. Já no Império, no orçamento votado para o ano de 1889, foi dada pelo governo autorização para criação de uma caixa de socorro ao pessoal de cada um das estradas de ferro estatais (Lei n° 3397, de 24.11.1888). Mas, foi com a Lei n° 4.682, de 24.01.23, conhecida como a lei Eloy Chaves, que se implantou, efetivamente, em nosso país, a Previdência Social. Por esse ato legislativo, foram criadas as caixas de aposentadorias e pensões"para os empregados das empresas ferroviárias que então obtiveram, pela primeira vez entre nós, os benefícios de aposentadoria por invalidez, aposentadoria ordinária (posteriormente aposentadoria por tempo de serviço, hoje aposentadoria por tempo de contribuição), pensão por morte e "assistência médica". Esta lei foi ampliada em 1925, estendendo seu regime aos portuários e marítimos. O controle das caixas passou, então, a ser atribuição do conselho nacional do trabalho (Paixão, 2000: 23).

A análise, objeto da pesquisa, deve ser esclarecida nas suas definições básicas e na forma em que foi concebida na legislação brasileira. Assim, defini-se: seguridade social é o nome que se dá à tendência mundial de aglutinar, num só conceito, a Assistência Social, a Saúde e a *Previdência Social.*

Os principais diplomas legais que regem atualmente o sistema previdenciário no Brasil são:

- Lei 8.212, de 27.07.91 - dispõe sobre a organização da seguridade social e institui o plano de custeio, com alterações das leis e medidas provisórias, posteriormente publicadas, com alterações da Lei 9.876, de 26.11.99 (DOU 29.11.99). O sistema de seguridade social no Brasil está organizado conforme os arts. 5° ao 9° desta lei.
- Lei 8.213, 24.07.91 - dispõe sobre o plano de benefícios da previdência social, com alterações das leis e medidas provisórias, posteriormente publicadas, com alterações da Lei 9.876, de 26.11.99 (DOU 29.11.99) o regulamento da previdência social, aprovado pelo Decreto n° 3048, de 06.05.99 (DOU 10.05.99) com várias alterações do Decreto n° 3265, de 29.11.99 (DOU 30.11.99). (Paixão, 2000: 27)

O primeiro texto no Brasil a adotar a expressão *seguridade social* foi o texto constitucional de 1988 em seu artigo 194 (saúde: arts. 196 a 200, Previdência social: arts. 201 e 202; Assistência Social: arts. 203 e 204). (Paixão, 2000: 17)

Quando se instituiu no País a previdência pública, *in genere*, foi previsto o seu custeio mediante uma contribuição de três fontes, todas de igual volume: a dos empregados, a dos empregadores e a do erário. Esse regime de tríplice contribuição vigorou desde a Constituição de 1934. (Fabrício, 2001: 23-24)

As receitas que compõem o orçamento da seguridade social são as seguintes no âmbito federal: art. 11° *caput* da Lei 8.212/91, *in verbis:* I) receitas da União; II) receitas das contribuições sociais; III) receitas de outras fontes.

A reforma

A primeira reforma no âmbito previdenciário brasileiro teve sua promulgação no dia 15/12/1998 através da Emenda Constitucional nº 20, após mais de três anos de exaustivos debates no Congresso Nacional. Esta reforma se insere no marco das chamadas reformas estruturais, tratada no Plano Diretor idealizado pelo governo Federal, o qual aponta todo modelo de administração pública praticada no Brasil como sendo burocrático, baseado no formalismo, no excesso de normas e na rigidez de procedimentos (Claudia Pereira, 1999: 40-48).

Inserida neste contexto, a reforma previdenciária pretendia desburocratizar o sistema e reformular a prestação de serviços no que concerne à carência de recursos derivada de um sistema historicamente assentado no regime da repartição, que compreende o custeio das responsabilidades imediatas, computadas em cada exercício financeiro (Waldomiro Pinheiro, 1999: 17-37). Dessa forma, mobilizando uma verdadeira crise no sistema de seguridade social.

A mais recente intervenção estatal em prol da reforma previdenciária consiste no projeto de Emenda Constitucional nº 41/03, o qual apesar dos pontos polêmicos encontrou aprovação no seio político, em que pese o desconforto entre a população. Trata-se basicamente, de mudanças no sistema previdenciário dos servidores públicos, os quais vêm sofrendo os efeitos colaterais da campanha do estado mínimo financiado pelos preceitos da filosofia neoliberal. Dentre as mudanças operadas pela nova reforma, podemos citar o aumento do tempo de contribuição, a criação de dispositivo inédito que obriga a contribuição dos inativos, o aumento dos fatores de redução para aposentadoria proporcional, a instituição de subtetos (limites máximos de valor dos benefícios em conformidade com os chefes do Executivo ou, no caso do Legislativo, os deputados) municipais e estaduais, obrigatoriedade de constituição de regime de aposentadoria complementar. Tais dispositivos destacam-se principalmente pelo prejuízo social que inferem. A seguir, apresentam-se esquematicamente as mudanças de acordo com os textos que as regulam:

Terão direito à aposentadoria integral os funcionários que atenderem aos seguintes requisitos:
- Idade mínima de 55 anos para as mulheres e 60 anos para os homens
- Tempo de contribuição de 30 anos (mulheres) e 35 anos (homens)
- 20 anos de serviço público
- Cinco anos no cargo ou na carreira

A paridade com os reajustes aos funcionários da ativa só será garantida para quem se aposentar atendendo aos requisitos acima. A matéria depende de regulamentação por lei. Quem optar pela aposentadoria proporcional (antes de completar a idade mínima) terá redução em seus proventos. Para quem se aposentar até 2005, o redutor será de 3.5% por ano antecipado. A partir de 2006, será de 5%.

Nenhum servidor poderá receber mais do que o teto salarial. Na União, o teto será o salário de Ministro Supremo Tribunal Federal, de R$ 19,115 mil. Nos Estados, foram fixados três subtetos. Para o Judiciário e procuradores, será de 90,25% dos vencimentos dos ministros do STF. Para o Executivo, o máximo será o que ganha o governador. No Legislativo, o limite é o salário dos deputados estaduais. Nos Municípios, será igual à remuneração dos prefeitos.

Estados e municípios não poderão cobrar menos de 11% de contribuição previdenciária dos servidores.

Aposentadoria compulsória:
- A partir do ano de 2012, a idade para aposentadoria compulsória sobe de 70 anos para 75 anos;
- Servidores que já têm direito à aposentadoria;
- Será respeitado o direito adquirido, o servidor que continuar na atividade, embora tenha direito à aposentadoria, recebera um abono de 11%;
- Aposentados e pensionistas;
- Inativos e pensionistas passarão a contribuir com 11% no que exceder os tetos de R$ 1.440 (União) e de R$ 1,2 mil (estaduais e municipais);

Futuros Servidores:
O teto para aposentadoria será de R$ 2,4 mil. Para receber mais, será necessário contribuir para um fundo de previdência complementar.

Futuros Pensionistas:
Os futuros pensionistas terão redução de 30% do que exceder o teto de R$ 2,4 mil e pagarão a contribuição de inativos. As pensões serão integrais até R$ 2,4 mil, com redutor de 30% para as famílias dos servidores que morrerem antes de o mesmo ter completado o tempo mínimo exigido para ter direito à integralidade. Pensionistas de policiais militares e bombeiros mortos em serviço terão direito à integralidade.

Iniciativa Privada:
O valor máximo das aposentadorias a serem pagas pelo INSS sobe de 1.869,34 para 2,4 mil. A contribuição máxima sobe de R$ 205,62 para R$ 264,00.

Autônomos:
Uma lei ordinária deverá incluir no sistema previdenciário cerca de 40 milhões de pessoas que hoje não têm cobertura.

A emenda paralela

Dispositivo que permitiria aos governadores unificar o subteto salarial dos funcionários dos três Poderes e ainda operar a manutenção da paridade para futuros servidores; aposentados e pensionistas que tiverem doenças que os incapacitem para o trabalho ficarào isentos de contribuição até o limite de R$ 2.880 (funcionários federais) ou R$ 2,4 mil (estaduais e municipais).

Redução de cinco anos de contagem do tempo de contribuição para aposentadoria de deficientes físicos.

Inclusão de donas-de-casa no sistema previdenciário.[4]

Disciplina o Art 1° da E.C. n° 41/03 que reformula Art.37, inc. XI, CF/88 (mantém o texto original, contudo acrescenta o item em destaque):

Art. 1° Em.Const. n° 41/03: A remuneração e o subsídio dos ocupantes de cargos, funções e empregos públicos da administração direta, autárquica e fundacional, dos membros de qualquer dos poderes da União, dos Estados, do Distrito Federal e dos Municípios, dos detentores de mandato eletivo e dos demais agentes políticos e os proventos, pensões ou outra espécie remuneratória, percebidos cumulativamente ou não, incluídas as vantagens pessoais ou de qualquer outra natureza, não poderão exceder o subsidio mensal em espécie, dos Ministros do Supremo Tribunal Federal. (aplicando-se como limite, nos Municípios, o subsidio do Prefeito, e nos Estados e no Distrito Federal, o subsidio mensal do Governador no âmbito do Poder Executivo, o subsidio dos Deputados Estaduais e Distritais no âmbito do Poder Legislativo e o subsidio dos desembargadores do Tribunal de Justiça, limitando a noventa inteiros e vinte e cinco centésimos por cento do subsidio mensal, em espécie, dos Ministros do Supremo Tribunal Federal, no âmbito do Poder Judiciário, aplicável este limite aos membros do Ministério Público, aos Procuradores e aos Defensores Públicos);

O Art. 40 foi acrescentado de mais quatro parágrafos (17,18, 19, 20) desde a última emenda (20/98). São eles:

§ 17. Todos os valores de remuneração considerados para o cálculo do beneficio previsto no § 3° serão devidamente atualizados, na forma da lei.

§ 18. Incidirá contribuição sobre os proventos de aposentadorias e pensões concedidas pelo regime de que trata este artigo que superem o limite máximo estabelecido para os benefícios do regime geral de

---

[4] Informações consolidadas extraídas de periódicos, jornais e revistas à época da promulgação da emenda 41/03.

previdência social de que trata o art.201, com percentual igual ao estabelecido para os servidores titulares de cargos efetivos.

§ 19. O servidor de que trata este artigo que tenha completado as exigências para aposentadoria voluntária estabelecidas no § 1°, III, *a*, e que opte por permanecer em atividade fará jus a um abono de permanência equivalente ao valor da sua contribuição previdenciária até completar as exigências para aposentadoria compulsória contidas no § 1°, II.

§ 20. Fica vedada a existência de mais um regime próprio de previdência social para os servidores titulares de cargos efetivos, e de mais de uma unidade gestora do respectivo regime em cada ente estatal, ressalvado o disposto no art. 142, § 3°, X.

O art. 149, § 1°, modifica a expressão do texto constitucional de "poderão instituir" para o comando "instituirão" inferindo obrigação de fazer além de modificar o parágrafo único para § 1° suprime "de sistemas de previdência e assistência social" para "do regime previdenciário" de que trata o art. 40 cuja alíquota não será inferior à da contribuição dos servidores titulares de cargos efetivos da União.

Quanto à Emenda 20/98, o art. 1° da reforma n° 41 modifica o *caput* do art 40 acrescentando a expressão (no que se refere ao regime de previdência de caráter contributivo) "e solidário", além de acrescentar o trecho "mediante contribuição do respectivo ente público, dos servidores ativos e inativos e dos pensionistas".

O novo Estado liberal

Referente à posição adotada para substrato analítico relativo à posição estatal quanto à forma de governo, fez-se tratamento ao modo de produção capitalista com suas variantes, até a nova concepção liberalista de Estado, qual seja, o neoliberalismo; aqui apontado de forma objetiva. Assim, dá-se seu surgimento e sua acepção no direito público.

Friedrich von Hayek (1899-1992) é, provavelmente, o mais influente economista ou filósofo político a dar forma ao que hoje se entende por neoliberalismo, embora ele seja melhor definido como um liberal clássico, e ele próprio se considere assim. A orientação teórica própria de Hayek emergiu da assim chamada escola austríaca estabelecida por Carl Menger, Eugen Boehm-Bawerk e Ludwig von Mises durante a primeira década do século XX. O que distinguia a escola austríaca da escola clássica de economia política iniciada por Adam Smith e David Ricardo era sua teoria do valor "subjetiva" em oposição à "objetiva". Contudo, foi o forte anti-socialismo de Mises que informou o corpo e orientação teórica do trabalho de Hayek, particularmente o seu trabalho sobre os ciclos de negócios. (Michael Peters: 2002).

O neoliberalismo tem sido mais associado, no imaginário popular, com políticas de privatização. De fato, é a privatização que tem proporcionado a base para estratégias de redução do tamanho do Estado (enquanto, paradoxalmente, fortalece muitas vezes seus poderes constitucionais), de redução da dívida interna acumulada, enquanto, que ao mesmo tempo, encoraja o investimento externo e, como seus defensores reivindicam, inaugura a era do capitalismo popular.

Para os neoliberais, o compromisso com o livre mercado envolve dois conjuntos de reivindicações: por eficiência do mercado como um mecanismo de alocação superior para a distribuição de recursos públicos escassos, e por um mercado como uma forma moralmente superior de economia política.

O neoliberalismo como uma filosofia política envolve um retorno a uma forma primitiva de individualismo: um individualismo que é "competitivo", "possessivo" e construído freqüentemente em termos da doutrina da "soberania do consumidor". Isso envolve uma ênfase na liberdade sobre a igualdade, onde a liberdade é construída em termos negativos e termos individualistas. A liberdade negativa é a liberdade proveniente da interferência estatal que implica numa aceitação das desigualdades geradas pelo mercado. O neoliberalismo é anti-Estado e anti-burocracia. Seu ataque ao governo hipertrofiado é baseado em argumentos econômicos e éticos.[5]

Tendo em vista os aspectos relacionados, vimos na visão do sociólogo Boaventura de Souza Santos[6] uma crítica de alta relevância sobre as questões socioeconômicas diante da concepção neoliberalista, ao autor destaca em sua teoria sobre a política neoliberal no que tange o processo de globalização três componentes provenientes do consenso de Washington: o consenso do Estado fraco; o consenso da democracia liberal; o consenso do primado do direito e do sistema judicial. E alerta para os sinais que emanam dos próprios entes mantenedores do novo liberalismo,os quais já reconhecem as falhas desse modelo econômico. Em destaque, os cortes na área de segurança social, tema dessa pesquisa:

> O *consenso do Estado fraco* é, sem dúvida, o mais central e dele há ampla no que ficou descrito acima. Na sua base está a idéia de que o

---

[5] Neoliberalismo. Michael Peters/Universidade de Auckland. Trad. Amélia Siller/Grupo de Estudos e Pesquisas em Pragmatismo e Filosofia Americana – Unesp. Hayek e a Escola Austríaca, 2002: 1-5. o autor sugere a leitura de Peters e Marshall.

[6] Doutor em sociologia do direito pela Universidade Yale e professor titular da Universidade de Coimbra, o português Boaventura de Souza Santos é um dos principais intelectuais da área de ciências sociais da atualidade.

Estado é o oposto da sociedade civil e potencialmente o seu inimigo. A economia neoliberal necessita de uma sociedade civil forte e para que ela exista é necessário que o Estado seja fraco (...)

O *consenso da democracia liberal* visa dar forma política ao Estado fraco, mais uma vez recorrendo à teoria política liberal que particularmente nos seus primórdios defendera a convergência necessária entre liberdade política e liberdade econômica, as eleições livres e os mercados livres como os dois lados da moeda (...)

O *consenso sobre o primado do direito* e do sistema judicial é uma das componentes essenciais da nova forma política do Estado e é também o que melhor procura vincular a globalização política à globalização econômica (...) A proeminência da propriedade individual e dos contratos reforça ainda mais o primado do direito. Por outro lado, a expansão do consumo, que é o motor da globalização económica, não é possível sem a institucionalização e popularização do crédito ao consumo e este não é possível sem a ameaça credível de quem não pagar será sancionado por isso, o que, por sua vez, só é possível na medida em que existir um sistema judicial eficaz (Santos, 2002: 41-43).

Segundo o sociólogo, em 1994, o Banco Mundial publicou relatório sobre "A Crise do envelhecimento" em que se propuseram reformas radicais nos sistemas de segurança social, no sentido da remercadorização da proteção social e da privatização dos sistemas de pensões de reforma, substituindo os regimes de repartição pelos de capitalização individual. O conjunto das propostas ficou conhecido por modelo neoliberal de segurança social e nos anos que seguiram foi intensamente promovido, quando não imposto, aos paises intervencionados pelas políticas de ajustamento estrutural.

A reação crítica a essas propostas surge com relevância estrutural, haja vista que partira do economista norte-americano, vice-presidente do Banco Mundial à época, Joseph Stiglitz. Ao desferir o primeiro ataque ao modelo neoliberal e, por conseguinte ao Consenso de Washington inclusive propondo um pós-Consenso de Washington (Stiglitz, 1998), expôs as fraturas intrínsecas no seio da globalização, demonstrando as divergências que evidenciam os erros de método e conteúdo da filosofia do novo liberalismo. Para além disso, em 1999, Joseph Stiglitz afirma que o modelo neoliberal causou sofrimento humano e contribuiu para o agravamento das desigualdades sociais a nível mundial e no interior de cada país, é um modelo cientificamente errado uma vez que as supostas verdades em que assenta não passam de mitos (Stiglitz e Orsag: 1999).[7]

---

[7] *Apud* SANTOS: 2002.

Os referidos mitos foram elencados em número de dez e fazem referência às propostas contidas no relatório do Banco Mundial divulgado em 1994, o economista aponta os mitos e passa a desmitifica-los. Conforme Boaventura, os dez mitos apontados e desmitificados pelos autores são de natureza macroeconômica e microeconômica e relacionados com a economia política. Entre os primeiros mitos encontramos afirmações como: a) "os planos privados de contribuições definidas aumentam a poupança nacional"; b) "as contas individuais permitem a constituição de pensões mais elevadas do que o sistema de repartição"; c) "o declínio das taxas de retorno nos sistemas de repartição refletem problemas fundamentais nesses sistemas"; d) "o investimento dos fundos públicos em ações e obrigações privadas em vez de títulos do tesouro não têm qualquer efeito macroeconômico ou implicação no bem-estar". As afirmações dos mitos microeconômicos são: a) "os incentivos do mercado de trabalho são maiores com planos privados de contribuições definidas"; b) "os planos públicos de benefícios definidos incentivam a reforma antecipada"; c) "a concorrência permite baixos custos administrativos nos planos privados de contribuições definidas". Por fim, os mitos da economia política são: a) "os governos são ineficientes pelo que os planos de contribuições privadas definidas são preferíveis"; b) "os governos são mais sujeitos a pressões para maior proteção social sob um sistema público de benefícios definidos do que um sistema privado de contribuições definidas"; c) "o investimento de fundos por parte de entidades publicas é sempre dissipador e mal gerido".

Segundo Boaventura, o aspecto mais importante desta argumentação é a defesa da intervenção do Estado e a admissão que, em determinados aspectos e perante determinadas situações, essa intervenção é mais eficiente do que a "mão invisível do mercado" e ao afirmarem que o fim último dos sistemas de pensões é o bem-estar social, e não qualquer outro, os autores reconhecem que a proteção social é um dos elementos fundamentais no bom funcionamento dos sistemas sociais e econômicos, que não pode ser descartado sob pena de se pôr em causa a própria sustentabilidade desses mesmos sistemas. (Santos, 2002: 82-85).

Para o professor Boaventura, os métodos de imposição do novo modelo, que encontra no endividamento externo dos países o seu pretexto, impulsionam divergências no propósito do pacto social em relação ao compromisso do estado com a proteção do bem-estar:

> Apesar de não se esgotar nele e no campo da economia que a transnacionalização da regulação estatal adquire uma maior saliência. No que respeita aos países periféricos e semiperiféricos, as políticas de "ajustamento estrutural" e de "estabilização macroeconômica" – impostas como condição para renegociação da divida externa – cobrem um

enorme campo de intervenção econômica, provocando enorme turbulência no contrato social, nos quadros e nas molduras instutucionais: a liberação dos mercados; a privatização das industrias e serviços; a desactivação das agencias regulatórias e de licenciamento; a desregulação do mercado de trabalho e a "flexibilização" da relação salarial; a redução e a privatização, pelo menos parcial dos serviços de bem estar social (privatização dos sistemas de pensões, partilha dos custos dos serviços sociais por parte dos utentes, critérios mais restritos de *elegibilidade para prestações de assistência social,* expansão do chamado terceiro sector, o setor privado não lucrativo, criação de mercados no interior do próprio Estado, como, por exemplo a competição mercantil entre hospitais públicos); uma menor preocupação com temas ambientais; as reformas educacionais dirigidas para formação profissional mais do que para a construção de cidadania; etc. (SANTOS: 2002) [grifo nosso]

No Brasil, a modernidade é tardia. O intervencionismo estatal, condição de possibilidade para a realização da função social do Estado e caminho para aquilo que se convencionou chamar de Estado de Bem-Estar Social, serviu apenas para acumulação de capital e renda para as elites brasileiras. Nesse sentido, é importante lembrar que esse "Estado intervencionista não e uma concessão do capital, *mas a única forma de a sociedade capitalista preservar-se, necessariamente mediante empenho na promoção da diminuição das desigualdades socioeconômicas.* A ampliação das funções do Estado, tornando-se o tutor e suporte da economia, agora sob conotação pública, presta-se a objetivos contraditórios: a defesa da acumulação do capital, em conformidade com os propósitos da classe burguesa, e a proteção dos interesses dos trabalhadores." (Streck, 2000: 71). Acrescenta Jorge Mattoso:

> Um dos efeitos da busca sem fim do Estado mínimo- empreendida pelos governos que aceitaram passivamente os ditames do Consenso de Washington- tem sido a profunda mercantilização da esfera publica. Como num retorno ao século XIX, busca-se reduzir o poder da comunidade e de suas regelações e assegurar que os indivíduos, despojados da proteção das instituições, voltem a sucumbir á força bruta da tirania dos mercados. O mercado invadindo a esfera publica e rompendo com a solidariedade entre diferentes níveis de renda,torna o atendimento a educação, a saúde e a segurança privilégio dos que podem pagar, oferecendo aos mais ricos a possibilidade de obterem serviços privados cujos preços excluem os que mais necessitam.causando prejuízos deletérios sobre a sociedade.[8]

---

[8] Jorge Mattoso e Magda Barros Biavaschi, in: Previdência ou Imprevidência? 2001: 95,96.

A assertiva do Prof. Lenio Streck norteou a opção aferida: "(...) estudar o Estado e suas relações com sociedade implica, necessariamente, estudar os mais variados aspecto que envolvem o próprio funcionamento das instituições responsáveis por essa sociedade. Estado, governo, democracia, legitimidade, poder são questões que, imbricadas, exigem uma disciplina para o estudo de suas complexidades: é ai que entra a ciência política." (Streck, 2000: 17)

O processo de globalização que dissemina o neoliberalismo nas sociedades é analisado com riqueza por Boaventura de Souza Santos, o qual identifica o processo de globalização como sinônimo de interações econômicas, sociais, políticas e culturais intensas que ocorreram nas três últimas décadas, sendo uma fase posterior à internacionalização e à multinacionalização porque, ao contrário destas, anuncia o fim do sistema nacional enquanto núcleo central das atividades e estratégias humanas organizadas. E ilustra com sabedoria o caso brasileiro:

> O caso do Brasil é distinto uma vez que a ditadura militar, ao contrário da salazarista, foi modernizadora, prosseguindo e aprofundando, de modo autoritário, um processo que já vinha dos anos 30. A ditadura militar, além de consolidar novas estruturas sócio-econômicas de poder, produziu um modelo de Estado que no início da década de oitenta se encontrava já em profunda crise. Em meados da década, a transição democrática avançou, pondo fim ao modelo de dominação política, mas não confrontou as estruturas de poder econômico e social nem deu prioridade à reforma do Estado. Foi nesse contexto que as elites conservadoras cavalgaram com êxito a transição democrática, aproveitando e reforçando a crise do estado para entregar o país à nova ortodoxia neoliberal onde viram as novas oportunidades para reproduzir o seu poder. (Santos, 2002: 13)

Em que pesem tais análises, reconduzimos ao fato de que a matéria é incipiente; onde análise está irrestrita até a finalização desta.

Considerações finais

A análise inicial do presente tema apresenta como resultado uma compilação literária que conduz à percepção do mecanismo propulsor do desenvolvimento da sociedade atual. Os modelos econômicos definem o rumo dos acontecimentos no mundo contemporâneo, alterando continuamente o cotidiano de cada cidadão globalizado. O Brasil está inserido nesse contexto e, conforme os ditames do modelo neoliberal, tem conduzido seu processo de modernização, ainda que isso signifique o próprio processo de enfraquecimento do poder público e de sua legitimidade. O eminente sociólogo Boaventura de Souza Santos destaca em sua obra a problemática do poder estatal que providencia seu papel no contexto social, o qual, para ele, deve ser analisado em forma e conteúdo; contudo suscetível à racionalização puramente formal:

> (...) – o "Consenso de Washington" – e em seus termos o modelo de desenvolvimento orientado para o mercado é o único modelo compatível com o novo regime global de acumulação, sendo por isso, necessário impor, à escala mundial políticas de ajustamento estrutural. Esta pressão central opera e reforça-se em articulações com fenômenos e desenvolvimentos tão díspares como o fim da guerra fria, as inovações dramáticas nas tecnologias de comunicação e informação, os novos sistemas de produção flexível, a emergência de blocos regionais, a proclamação da democracia liberal como regime político universal, a imposição global do mesmo modelo de lei de protecção da propriedade intelectual, etc.
>
> Quando comparado com os processos de transnacionalização precedentes, o alcance destas pressões torna-se particularmente visível uma vez que estas ocorrem após décadas de intensa regulação estatal da economia, tanto nos paises centrais, como nos paises periféricos e semiperiféricos .A criação de normativos e institucionais para as operações do modelo de desenvolvimento neoliberal envolve, por isso, uma destruição institucional e normativa de tal modo massiva que afecta , muito para alem do papel do Estado na economia, a legitimidade global do estudo para organizar a sociedade. (Santos, 2002: 37)

Deveras, estudioso dos fenômenos sociais Boaventura desvenda em sua teoria várias faces do processo de configuração da globalização – longe de ser consensual, em suas palavras – e conseqüentemente do neoliberalismo. Por certo, a visão do sociólogo nos remete às congruências necessárias para a confecção de incipientes definições, haja vista que nesse primeiro momento priorizou-se desvelar os efeitos do modelo neoliberal, bem como seu mecanismo de disseminação e filosofia de atuação. Para tanto, foi exposto o problema brasileiro em relação à reforma previdenciária, o qual em meio ao contexto internacional, recaem intervenções de agências econômicas obrigando ao ajuste fiscal. Consoante a esse panorama, o paradigma do desenvolvimento galgado na filosofia neoliberal identifica na economia de mercado o caminho para a regulação dos sistemas de seguridade social.

Referências bibliográficas

ANDERSON, Perry. Balanço do neoliberalismo. In: SADER, Emir; GENTILLI, Pablo. (orgs). *Pós-neoliberalismo: as políticas sociais e o Estado democrático*. Rio de Janeiro: Paz e Terra. 1995, p. 9-23.

BRASIL. Consolidação da legislação previdenciária: regulamento e legislação complementar. São Paulo: Atlas, 1996.

BRASIL. Ministério da Previdência e Assistência Social. *A economia política da reforma da previdência*. Brasília: Ministério da Previdência e Assistência Social, 2001.

CASTRO, Carlos Alberto Pereira de. *Manual de direito previdenciário*. São Paulo: LTr, 2002.

COSTA, José Ricardo Caetano. *Previdência e neoliberalismo*. Porto Alegre: Livraria do Advogado, 2001.

FABRÍCIO, Adroaldo Furtado. In: *Previdência ou imprevidência?*. Porto Alegre: AJURIS, 2001.

FALEIROS, Vicente de Paula. *A política social do estado capitalista*. São Paulo: Cortez, 2000.

GOYARD-FABRE, Simone. *Princípios Filosóficos do Direito político Moderno*. Trad. Irene A. Paternot. São Paulo: Martins Fontes, 2002.

LEI BÁSICA da previdência social. São Paulo: LTr, 2000.

MARTINEZ, Wladimir Novaes. *Curso de direito previdenciário*. São Paulo: LTr, 2001.

——. *Reforma da previdência social: comentários à emenda constitucional n. 20/98*. São Paulo: LTr, 1999.

MARTINS, Sérgio Pinto. *Direito da seguridade social*. São Paulo: Atlas, 2000.

PAIXÃO, Floriceno. Luiz Antonio C. Paixão. *A Previdência Social em perguntas e respostas*. Porto Alegre: Síntese, 2000.

PEREIRA, Claudia Fernanda de Oliveira. 1999. *Reforma da previdência*. Brasília: Brasília Jurídica (p. 40-48).

PEREIRA, Luiz Carlos Bresser. *Exposição no senado sobre a reforma da administração pública*. Brasília: MARE, 1998.

PINHEIRO, Waldomiro Vanelli. *A reforma da previdência*. Frederico Westphalen: URI, 1999. (p. 17-37).

Pós-neoliberalismo: as políticas sociais e o Estado democrático. Organizadores Emir Sader, Pablo Gentili. Rio de Janeiro: Paz e Terra ,1995.

Pós-neoliberalismo II: que Estado para que democracia? / Atílio A. Boron ... [et al]; Emir Sader e Pablo Gentili (orgs.) – Petrópolis, Rio de Janeiro: Vozes, 1999.

RUPRECHT, Alfredo J. *Direito da Seguridade Social*. Revisão técnica Wladimir Novaes Martinez. São Paulo: LTr, 1996.

SANTOS, Boaventura de Sousa. *A Globalização e as Ciências Sociais*. São Paulo: Cortez, 2002.

——. *Pela mão de Alice: o social e o político na pós-modernidade*. 4ª edição. São Paulo: Cortez, 1997.

STRECK, Lenio Luiz; MORAIS, Jose Luis Bolzan de. *Ciência Política e Teoria Geral do Estado*. Porto Alegre: Livraria do Advogado, 2000.

— 4 —

Serviço público: do estatismo às parcerias público-privadas

LUIZ PAULO ROSEK GERMANO

Mestre em Direito do Estado. Professor de Direito Administrativo na PUCRS, na AJURIS e na ESMAFE. Advogado

Sumário: 1. Considerações Iniciais; 2. Serviços Públicos: Breve Passagem Histórica; 3. A Participação Privada na Gestão Pública; 4. Objetivos do Programa de Parcerias do Setor Público e do Setor Privado; 5. Conclusão.

1. Considerações Iniciais

Não há dúvidas de que as constantes mudanças na organização administrativa dos mais diferentes países, em especial, no Brasil, têm valorizado o estudo do Direito Administrativo. A pesquisa, neste sentido, é rica em teorias científicas e nos apresenta exemplos diversos de gerência administrativa, flagrando momentos históricos de maior ou menor penetração do Estado na economia, reflexos de épocas e povos que, em um determinado momento, admitiam o Poder Estatal como o único responsável pela prestação dos serviços públicos, mas em situação fática e temporal posterior, clamavam por maior liberalização econômica, estimulando-se a iniciativa privada a participar não só da economia, mas da própria gerência dos serviços públicos.

De acordo com Ruy Cirne Lima, "Serviço Público é todo o serviço existencial, relativamente à sociedade ou, pelo menos, assim havido num momento dado, que, por isso mesmo, tem de ser prestado aos componentes daquela, direta ou indiretamente, pelo Estado ou outra pessoa administrativa".[1] Denota-se do referido conceito a titularidade irrenunciável do Es-

---

[1] Cirne Lima, Ruy. *Princípios de Direito Administrativo*. 4ª ed. Porto Alegre: Sulina. 1964, p. 82.

tado, (União, Estados-Membros, Distrito Federal e Municípios), no âmbito de suas respectivas competências, no que tange aos serviços públicos, podendo, a critério, ser transferidas as obrigações decorrentes, na forma da lei e dos instrumentos contratuais e administrativos, à iniciativa privada, através dos regimes de concessão, permissão e autorização.

2. Serviços públicos: breve passagem histórica

A responsabilidade estatal era indelegável. O Estado deveria organizar-se, com o intuito de atender às necessidades públicas. O crescimento demográfico ocasionou, também, a multiplicação das estruturas administrativas, fazendo com que o Estado passasse a atuar em diferentes setores da economia e da sociedade. O aparelhamento estatal, de natureza burocrática, fora entendido como conveniente e oportuno para a garantia dos direitos dos cidadãos, afastando-se a livre iniciativa e a própria liberdade individual de tais misteres. O crescimento do Estado intervencionista, curiosamente, se deu justamente no âmbito do Estado Liberal, em meados do Séc. XIX, cujos propósitos eram de combate ao paternalismo, favorecimentos e corrupção havidos. A má-fé dos administradores, naquela época, era quase presumida, e um sistema de controle rigoroso, através da adoção de procedimentos burocráticos, era entendido como o mecanismo eficaz em favor da austeridade e da preservação da honestidade. O Estado era onipresente. Neste particular, Paulo Sá, em estudo publicado há décadas, resumia a participação do Estado nas atividades econômicas: "É o Estado-educador, é o Estado-armador naval, é o Estado-ferroviário, é o Estado-construtor de automóveis, é o Estado-metalúrgico, é o Estado-industrial, é o Estado que controla bancos, que segura (e não paga) os empregados de toda espécie, que vende secos-e-molhados e que por toda parte mostra sua enciclopédica incompetência para fazer aquilo que não é, e não foi jamais, função própria sua".[2]

A concepção do "Estado do Bem-Estar Social", na tradição anglo-germânica, ou "Estado Providência", na idealização francesa, todos a significar o denominado Estado Social de Direito, fracassou drasticamente. A hipertrofia do Estado propiciou o surgimento de crises institucionais, relacionadas às atividades públicas, tais como a de natureza fiscal que ensejou um grande endividamento das entidades estatais e a máxima intervenção do Estado, vinculando as ações públicas estritamente ao que autorizava o Direito. Nas palavras da Professora Di Pietro, as conseqüên-

---

[2] Sá, Paulo; "Produção, Produtividade e Iniciativa Privada". *Síntese Política Econômica Social.* 4:37-50, out/dez 1959, p. 43.

cias do intervencionismo ocasionou inúmeros problemas sociais, sendo que "no Brasil, a exemplo do que ocorre em muitos outros países, não houve a mínima possibilidade de que milhões de pessoas tivessem garantidos os seus direitos sociais dos mais elementares, como saúde, educação, previdência social, moradia". E complementa: "Grande parte da população não tem assegurado o direito a uma existência digna".[3]

Aos poucos e paulatinamente, a iniciativa privada, outrora afastada das atividades administrativas, principalmente com o surgimento das economias socialistas, diante do fracasso deste sistema, começou a reaparecer no contexto político-administrativo. Se na primeira metade do séc. XX houve franca expansão do Estado intervencionista, na segunda propiciou-se o crescimento e o ressurgimento do Estado Liberal, cuja ideologia de hoje não se distancia daquela enaltecida em outros tempos, porém a inter-relação dos mercados e o fenômeno da "globalização" ocasionou o surgimento de novos conceitos ou de novas terminologias, como o denominado "neoliberalismo". Neste particular, registrem-se, por oportuno, as idéias da *Sociedade de Mont Pèlerin,*[4] instituída em 1947 por um grupo de estudiosos liderados por Friedrich August Von Hayek,[5] economista austríaco, vencedor do prêmio nobel de economia em 1974. Hayek alertava sobre movimentos políticos (de esquerda e de direita) que se expandiam, a partir da crise de 1929, pela Europa, atentatórios aos direitos e liberdades individuais. As influências da ideologia liberal, decorrentes da *Sociedade de Mont Pèlerin* foram decisivas para o acontecimento de fatos históricos havidos, tais como a queda do muro de Berlim e a *Perestroika.*

Em virtude dos acontecimentos históricos e da insubsistência do Estado, a participação da iniciativa privada na prestação de serviços públicos, inclusive os de natureza social, começou a ser rearticulada juridicamente. A matéria, em nível constitucional, no Brasil, só foi disciplinada a partir da Carta de 1934. Nesse sentido, os dizeres da *Lex Fundamentalis*

---

[3] Di Pietro, Maria Sylvia Zanella. "Privatização e o Novo Exercício de Funções Públicas por Particulares", *in Uma avaliação das Tendências Contemporâneas do Direito Administrativo.* São Paulo. Renovar. 2003, p. 428.

[4] A Sociedade de Mont Pèlerin, fundada em 1947, tomou este nome em virtude de ter sido instituída no Hotel du Mont Pèlerin, acima de Vevey, na Suíça. Liderados por Hayek, 38 economistas, europeus e americanos, reuniram-se para discutir e debater o futuro das nações e do mundo, após o fim da Segunda Guerra Mundial. As idéias dali originadas inspiraram governos como o de Reagan, nos Estados Unidos, e de Thacher, na Inglaterra. Em 1997 foi comemorado, em Washigton, D.C, os 50 anos da Sociedade, ainda hoje vigente.

[5] Friedrich August Von Hayek nasceu em 1899, na Áustria, sendo um dos expoentes da "Escola Austríaca de Economia" e um dos mais notáveis pensadores liberais do século passado. Foi autor de uma das obras mais consagradas pelo liberalismo, denominada "O Caminho da Servidão" (*Road to Serfdom*), editada pelo Instituto Liberal. Nos primórdios, foi socialista, mas graças à influência de Ludwig Von Mises, tornou-se, por volta de 1922, liberal, afirmando textualmente: "Eu vi como estava errado".

já refletiam a necessidade do atendimento aos interesses da coletividade, na busca de uma justiça social. O Estado Social de Direito atribuiu ao Poder Executivo poderes e responsabilidades significativas e até desproporcionais. De qualquer sorte, a própria Constituição abriu flancos interpretativos, viabilizando a realização da perseguida justiça social através da garantia da própria liberdade econômica. Já na Carta democrática de 1946, aliou-se o desenvolvimento da livre iniciativa com a própria valorização do trabalho humano, e o emprego, preocupação de todos os tempos, passava necessariamente pela atividade de incentivo a ser patrocinada pelo Ente Público, motivando-se a iniciativa privada a produzir e participar do mercado econômico.

A partir da década de 70, com experiências mais significativas nos anos 80, o Estado submeteu-se a uma reforma estrutural, sendo que algumas de suas competências, antes exclusivas, passaram a ser compartilhadas com a iniciativa privada. Decorrente, inicialmente, de uma concepção teórica, as idéias relativas a "Reforma do Estado" e de "privatização" tornaram-se exeqüíveis, obrigando o Poder Público a colocar em prática processos de reestruturação administrativa, acompanhados de desestatização e privatização de bens, atividades e transferência da responsabilidade em relação à prestação de serviços públicos.[6] Em razão disso, passou o Estado a atuar de forma indireta na economia, não se eximindo de responsabilidades subsidiárias, consagradas em princípio de igual identificação.

O fato de se propiciar que a iniciativa privada possa assumir responsabilidades no que tange à prestação de serviços e atividades em caráter de substituição do Poder Público não significa, em hipótese qualquer, que o Estado não possa intervir e regular o mercado. Mises, pensador liberal que influenciou decisivamente a *Sociedade de Mont Pèlerin*, afirmava que seria possível ocorrer a intervenção estatal nos casos de constituição de monopólios.[7] Acrescentaríamos que, efetivamente, nos dias de hoje, a atividade regulatória é imprescindível e deve, exclusivamente. ser exercida pelas entidades públicas. Entretanto, mister salientar, a constituição de monopólios estatais deve ser vista e estudada com severa restrição, pois o Poder Público não deve interferir em atividades econômicas que devam, por reserva constitucional, ser exercidas pela iniciativa privada, salvo as hipóteses de relevante interesse coletivo e para atender aos imperativos da segurança nacional (art. 173 da Carta Política).

---

[6] Entendemos que a prestação de serviços públicos encontra-se inserida na identificação, *lato sensu*, de atividade econômica, em virtude, dentre outras, da própria produção de riqueza decorrente. Mesmo aqueles serviços, denominados de natureza gratuita, estão a ensejar dispêndio de capital e realização econômica que pode importar movimentação orçamentária.

[7] Mises, Ludwig Von. *Uma crítica ao intervencionismo*. Rio de Janeiro: Instituto Liberal, 1997.

A ordem econômica brasileira fundamenta-se, segundo o artigo 170 da *Lex Fundamentalis* vigente, na livre concorrência, na defesa do consumidor e na busca do pleno emprego, dentre outros princípios lá elencados em nove incisos. Ademais, registrem-se os dizeres do parágrafo único do referido artigo, no sentido de garantir a todos o livre exercício de qualquer atividade econômica. Ao Estado brasileiro, implementada uma diretriz política, sustentada através de uma fundamentação jurídica, foi reservada a tarefa de fiscalizar, incentivar e planejar as atividades econômicas, de forma determinante para o setor público e indicativa para o setor privado (artigo 174 da Carta Magna). Se, por um lado, não se deseja um Estado permanentemente interventor, por outro, também não se quer o Poder Público omisso. A lição de Thomas Hobbes é atualíssima, no que tange ao aspecto da doutrina contratual. A liberdade econômica posta nos dias de hoje não é aquela ilimitada, onde todos podem tudo, lembrando o *"estado da natureza"*.. Evidentemente que ela encontra limites, cabendo ao Poder Público evitar que a sociedade se desagregue, através da imposição de condutas e de ordens públicas.[8] Jean-Jacques Rousseau, seguindo a ideologia de Hobbes, sustentava a idéia de que os homens deveriam renunciar uma parcela de suas respectivas liberdades em favor do Estado, encontrando uma forma de proteção aos bens e pessoas. A presente problemática é discutida e enfrentada fundamentalmente pelo *"Contrato Social"*.[9]

Diante das concepções evolutivas, considerando-se a hipótese de diminuição do Estado, as privatizações[10] passaram a ser justificadas face ao modelo econômico, político, jurídico e administrativo implementado pelo governo brasileiro. Diante da ineficiência do setor público na prestação de atividades e na realização de serviços, não atendendo satisfatoriamente aos cidadãos, aliados às questões de ingerência administrativa, manipulação da máquina pública e fartas experiências relacionadas à corrupção e ao desvio de verbas, ocorreu, para o Estado, a possibilidade de transferir à iniciativa privada não só os serviços, mas, também, as próprias empresas estatais, significado, muitas vezes, de empreguismo, lentidão na execução de suas atividades e ineficiência, além de passivos quase não administráveis. Registre-se, por oportuno, a lição do jurista argentino Juan Carlos Cassagne,[11] no sentido de identificar as principais características e conseqüências do estatismo, a saber:

---

[8] Hobbes, Thomas. *O Leviatã*, parte 1, cap. 18. Fondo de Cultura Económica, 1940.

[9] Rosseau, Jean-Jacques. *O contrato Social*. Livro 1, cap. 1 e 6. São Paulo: Cultrux, 1971.

[10] Definimos privatização como um *processo através do qual o Estado transfere à iniciativa privada bens, atividades e serviços,* caracterizando-se como gênero, do qual decorrem algumas espécies, tais como as *concessões e permissões.*

[11] Cassagne, Juan Carlos. *La intervención administrativa*. Buenos Aires: Abeledo-Perrot, 1992.

- a supradimensão das estruturas administrativas e o conseqüente aumento da burocracia;
- as abundantes e excessivas regulações que limitam e afetam as liberdades econômicas e sociais fundamentais;
- a configuração de monopólios legais a favor do Estado;e
- a participação estatal exclusiva ou majoritária no capital de empresas industriais ou comerciais.

Neste mister, com o intuito de fazer frente às dificuldades econômicas e sociais, bem como à volumosa demanda, implementaram-se diferentes processos administrativos, legislativos[12] e judiciais,[13] com o objetivo de flexibilizar monopólios estatais, permitindo-se que determinadas atividades pudessem ser patrocinadas pela iniciativa privada.

Já no início deste século, seguindo uma tendência contemporânea de diferentes países, como na Inglaterra, surge no Brasil um novo mecanismo de participação do Estado e da própria iniciativa privada na prestação de serviços públicos e na realização de atividades voltadas ao setor social, denominado "Parcerias entre o Setor Público e o Setor Privado" (*Public Private Partnership*), reconhecidas mundialmente através da sigla "PPP",[14] perspectiva esta que se apresenta como alternativa ao esvaziamento dos cofres públicos, impossibilidade do Estado satisfazer as pretensões sociais e, em geral, de se atender os direitos dos cidadãos. Seria o meio-termo entre o estatismo e a privatização.

3. A participação privada na gestão pública

Vimos que os efeitos de uma participação estatal mais efetiva ou menos evidenciada, gerando o que hoje chamamos de "Estado Máximo" ou "Estado Mínimo",[15] pode ser vislumbrada na estrutura organizacional

---

[12] Para tanto, convém que se registre, promulgaram-se Emendas à Constituição, tais como a de nº 5/95, que possibilitou que os Estados pudessem delegar a terceiros os serviços locais de gás canalizado; a Emenda nº 8/95, que viabilizou a delegação a concessionários, permissionários e autorizatários dos serviços vnculados a telecomunicações e a Emenda Constitucional nº 9/95, que flexibilizou as questões relativas ao petróleo, dentre outros procedimentos legislativos de relevância.

[13] Tais processos revestiram-se na forma de licitações internacionais, proposições legislativas requerendo autorizações para alienação de patrimônio e processos judiciais decorrentes de litígios vinculados aos processos de privatizações.

[14] O "PPP" surgiu na Inglaterra, no início dos anos 90, como uma espécie de reação a práticas liberalizantes, realizadas pelo governo liderado pela Primeira-Ministra Margareth Tatcher.

[15] O Professor Juarez Freitas, em sua obra - *Estudos de Direito Administrativo*. 2ª ed. São Paulo: Malheiros Editores, 1997, p. 33 – é muito feliz ao adotar as expressões "Estado Máximo", representativa de uma intervenção estatal significativa, e "Estado Mínimo", reflexo de uma participação estatal limitada, tanto na economia, como na realização de serviços públicos. Na busca do considerado

e administrativa do Poder Público. Não se trata, por óbvio, de uma particularidade ocorrida em nosso país, mas sim resultado de tendências mundiais, notadamente naqueles mercados cuja consolidação econômica ocorreu previamente. O Brasil não se furtou de tais reflexos políticos e administrativos, submetendo-se, muitas vezes, às idéias e concepções impostas por países considerados de primeiro mundo, desenvolvidos não só tecnologicamente, mas também economicamente. O Brasil acompanhou diretrizes, muito embora não tenha colhido resultados muito satisfatórios.

A atual Carta Constitucional de 1988 mescla, literalmente, dogmas característicos de uma democracia social, representativas de um Estado de Direito, com normas consagradoras da participação popular em vários setores da própria estrutura administrativa.[16] A conjunção de tais princípios, muitas vezes, mostra-se inatingível, uma vez que representam atividades político-ideológicas incompatíveis. Entretanto, como primeira amostra de que as parcerias entre o Setor Público e o Privado podem prosperar, há algum tempo, setores, como o da construção civil, envolvida com obras públicas, convocado pela Administração, implementa projetos de recuperação de prédios históricos, instituindo-se comissões que alternam representantes públicos e privados. Também, em matéria recente, as agências reguladoras dos serviços públicos concedidos contemplam, através de garantia jurídica, a participação do usuário no órgão regulador; ouvidorias e audiências públicas desenvolvidas no âmbito destas autarquias especiais retratam a participação popular e da iniciativa privada na realização dos serviços públicos. São parcerias que, em tese, funcionam bem, utilizando-se de estrutura administrativa mista, mostrando-se competentes, desde que o governo não as boicote.[17]

Torna-se insustentável, em nossa opinião, por parte do Estado, a manutenção de determinadas atividades exclusivamente no âmbito administrativo. Em relação à possibilidade de execução dos serviços públicos, assim entendemos, a clara intenção da Constituição Federal em permitir que a iniciativa privada possa exercitar determinadas atividades, diminuin-

---

Estado ideal, o ilustre administrativista, com rara habilidade, demonstra a necessária adequação de um Estado que não seja nem "máximo", nem "mínimo".

[16] Exemplos de participação da coletividade são os plebiscitos, convocados pelo Congresso Nacional, de acordo com o art. 49, XV, da Carta Política. Também, de acordo com a Constituição Federal, convoca-se plebiscito para incorporação de estados, assim como para criação, incorporação, fusão e desmembramento de municípios (arts. 18, §§ 3º e 4º). Também não poderíamos deixar de citar os conhecidos "orçamentos participativos".

[17] Registramos que, em relação às agências reguladoras, que surgiram recentemente em nosso cenário administrativo, advindas de um modelo americano de controle e gestão dos serviços, por diversas vezes, surgiram proposições por parte do Poder Público Federal, no sentido de reduzir seus poderes. Alertamos, entretanto, que a revisão de atribuições não pode ensejar a ocorrência do fenômeno da "captura", segundo o qual retira-se competências das agências em favor de organismos politicos e em detrimento da necessária isenção.

do-se a participação estatal, o que não implica a redução de responsabilidades do Estado. Nesse sentido, mais uma vez, a lição da Professora Di Pietro, em sua obra intitulada *Parcerias na Administração Pública,*[18] é esclarecedora, afirmando a autora que a Constituição "deixou muito claro que determinados serviços, também do capítulo da ordem social, não são exclusivos do Poder Público; aliás, com relação a essas atividades – os *serviços públicos sociais* – em especial saúde e ensino, ficou consagrada dupla possibilidade: *prestação pelo Poder Público, com a participação da comunidade* ou *prestação pelo particular*".

Vivemos atualmente um momento em que o Estado, motivado pela reforma a ser desencadeada na atividade enérgica,[19] convoca a iniciativa privada para ser sua parceira, viabilizando a execução do "PPP". Estas questões, evidentemente, não estarão vinculadas exclusivamente a determinados setores. O programa, concebido pelo governo, está a atingir diferentes setores, inclusive aqueles que outrora se imaginava que pudessem ser satisfeitos exclusivamente pelo Estado. Em relação aos serviços públicos sociais, por exemplo, a *Lex Fundamentalis* estabeleceu a participação do Poder Público em companhia da iniciativa privada, representada, neste caso, pela própria sociedade nas questões vinculadas à seguridade social, objeto, inclusive, de Emenda Constitucional,[20] vinculada a reformulação da política previdenciária. Neste particular, o inciso VII do parágrafo único do artigo 194 preconiza os objetivos a serem perseguidos, estabelecendo-se o *"caráter democrático e descentralizado da gestão administrativa, com a participação da comunidade, em especial de trabalhadores, empresários e aposentados"*. A prática, nos dias de hoje, talvez ainda não contemple a previsão constitucional, mas, de qualquer forma, a análise ideológica viabiliza a realização de tais parcerias de cooperação.

As questões relacionadas à assistência social e ao ensino, cujos serviços são essenciais, são exercidos pelo Poder Público, admitindo-se a prestação dos mesmos em parceria com a iniciativa privada, conforme os artigos 204, 205 e 206 da Carta Magna. Desta forma, evidenciamos, nos mais diferentes setores, como também na cultura e na saúde, a possibilidade de participação da iniciativa privada na execução de tais atividades, com a prestação dos respectivos serviços.

---

[18] Di Pietro, Maria Sylvia Zanella. *Parcerias na Administração Pública – Concessão, Permissão, Franquia, Terceirização e outras formas*. São Paulo: Atlas, 1996.

[19] O Dr. Octavio Badui Germano foi, na década de 90, Diretor Administrativo de Furnas-Centrais Elétricas S/A, uma das principais empresas do setor energético do país. Naquela época, questionado sobre a privatização de empresas vinculadas ao setor e, em especial, em relação a Furnas, respondia categoricamente: *"Sou contra a privatização total; precisamos implementar projetos de parcerias com a iniciativa privada. Este é o futuro."*

[20] Emenda Constitucional nº 20/98.

Reportamo-nos, uma vez mais, ao artigo 170 da Carta Política brasileira, que estabelece as questões principiológicas da ordem econômica e financeira, no sentido de valorizar o trabalho humano e a livre iniciativa. Os pilares sobre os quais deve se erguer a atividade econômica nacional confere ao Estado as tarefas normativas e reguladoras do mercado, estabelecendo uma política nacional de organização e desenvolvimento, além das questões vinculadas à atividade pública, tais como o fomento, a fiscalização instrumentalizada no estudo do poder de polícia e pela responsabilidade subsidiária em relação aos serviços prestados por particulares. Aliás, registre-se, a valorização do princípio da subsidiariedade, fortalecido diante dos processos de concessão e permissão implementados pelo Poder Público e, também, pelas privatizações desencadeadas pelo país.

As experiências legislativas brasileiras, no que tange aos processos de concessão, permissão, autorização e privatização, esta última podendo ser realizada de forma total ou parcial,[21] são consideráveis,[22] disciplinando aspectos relacionados ao mecanismo de transferência à iniciativa privada da prestação de serviços públicos, ou, até mesmo, a alienação de ações vinculadas a empresas públicas e sociedades de economia mista, cuja titularidade pertencia, preteritamente, ao Poder Público.

4. Objetivos do programa de parcerias do setor público e do setor privado

Mencionamos, anteriormente, que a Constituição Federal, em diferentes dispositivos, articula a participação do Estado em diversos setores em parceria com iniciativa privada, seja em relação à prestação de serviços públicos ou na realização de outras atividades, inclusive as de caráter social. Houve época em que ao Estado era reservada a responsabilidade exclusiva pela realização de tais serviços. Posteriormente, acreditou-se que a transferência total de tais atribuições à iniciativa privada pudesse suprir as deficiências e melhor satisfazer os direitos dos usuários. Nossas

---

[21] Pode-se transferir os serviços públicos parcialmente ou totalmente, ou, ainda, alienar o patrimônio público em partes ou de forma integral. O Estado do Rio Grande do Sul, em relação a Companhia Riograndense de Telecomunicações – CRT, sociedade de economia mista estadual, inicialmente, alienou cerca de 35% de suas ações. Posteriormente, houve a venda da maioria de seu capital acionário.

[22] Citamos, como exemplos, a Lei nº 8.987/95, que estabeleceu normas gerais sobre concessões e permissões; Lei nº 9.491/97, que criou o Programa Nacional de Desestatização – PND; Lei nº 10.607/95 que criou o Programa de Reforma do Estado do Rio Grande do Sul; Lei nº 10.931/97, que criou a Agência de Regulação dos Serviços Públicos Concedidos – AGERGS; Lei nº 10.086/94 (Lei Estadual de Concessões do Estado do Rio Grande do Sul); Lei nº 2.470/95, que o Programa Estadual de Desestatização (Rio de Janeiro), dentre outras tantas.

experiências relativas a privatizações integrais ainda são contemporâneas, embora já se saiba que, assim como no que tange a determinados serviços, verificam-se melhoras, em relação a outros remanescem inúmeros problemas. Chegou o momento, entretanto, de uma divisão de responsabilidades, estabelecido na forma de um programa, legalmente concebido, de atuação do Estado na economia, valendo-se de parcerias com a inciativa privada. Os projetos do denominado "PPP" ainda hoje encontram-se em franca expansão nos países europeus e tendem, em função do próprio crescimento da Comunidade Européia, a multiplicar-se. Tais programas revestem-se de propósitos prioritários, em virtude de que são precursores de setores econômicos e, por conseqüência, geradores de postos de trabalho.

No Brasil, o "PPP" nasce com a ratificação de conceitos básicos, já consagrados em outros diplomas legais, tais como a própria Lei de Concessões (Lei nº 8.987/95) e a Lei de Responsabilidade Fiscal (LC nº 101/00). Entretanto, surgem também outros desafios de natureza jurídica, os quais terão que ser enfrentados pelo Poder Público como, por exemplo, a questão relacionada à constituição de ônus sobre bens integrantes do patrimônio público, uma das formas de remuneração à iniciativa privada.

Os princípios norteadores, assim como o conceito do que vem a ser a parceria público-privada, na forma instrumentalizada pelo governo brasileiro, não inova em relação a regras que, em tese, disciplinam as relações entre Administração Pública e entidades privadas. A indelegabilidade das funções de regulação, jurisdicional e do exercício de poder de polícia integram, constitucionalmente, o núcleo estratégico do Estado. A questão da responsabilidade fiscal é uma realidade, cujos propósitos são, dentre outros, de recomposição das contas públicas e da preservação da austeridade dos gestores. A eficiência propulsionada, a qual defendemos na forma da *Lex Fundamentalis*, não apenas em relação aos servidores, mas também no que diz respeito a todos aqueles que se responsabilizam pela prestação de serviços públicos, deve ser o objetivo constante daqueles que assumem responsabilidades frente aos cidadãos, seja em função do manuseio de recursos, seja pela prestação de serviços cujos destinatários são os cidadãos.

Diferentemente do que foi evidenciado em outras oportunidades, quando o Estado ou bancava exclusivamente todos os investimentos públicos (até os anos 80), ou, posteriormente, quando delegou tais atribuições a empresas privadas (a partir da década de 90), permitindo que elas pudessem eleger iniciativas que lhe fossem mais rentáveis, os propósitos do PPP, dentre outros, é de proporcionar que o Poder Público possa definir planejamentos e obras essenciais. Essas parcerias possibilitam a execução de empreendimentos que, em virtude do alto risco neles contidos, dificilmente seriam realizados exclusivamente pela iniciativa privada, nem, tampouco, pelo setor público, endividado e sem qualquer capacidade de investimento. Entretanto, para a realização da parceria, será possível que o Poder Público subsidie projetos até que eles possam ser rentáveis e, sob esta ótica, assumidos pelo parceiro privado, ou, então, promover procedimentos licitatórios e contratações, através dos quais o agente privado realiza investimentos e, posteriormente, vende a produção ou os serviços para o Estado. De qualquer sorte, em qualquer hipótese, o Poder Público aproveita-se da produção ou da realização das atividades, em favor do interesse público, cumprindo sua responsabilidade maior que é satisfazer os interesses da coletividade.

Podem ser objetos de parceria público-privada a prestação ou execução de serviço público, assim como outras atividades de competência do Estado, definidas em lei, precedidos ou não da realização de obras públicas. Também poderá ser constituída parceria para a simples execução de obra em favor da Administração, ou sua realização para fins de alienação. A locação ou arrendamento de bens e serviços ao Estado poderão ser constituídos, através deste mesmo regime, devendo suas regras e limites ser criteriosamente estabelecidos, a fim de que não surjam dúvidas ou equívocos em relação à operacionalidade do acordo constituído. Lembre-se, todavia, que na hipótese de realização de obras, ao término da parceria, os bens móveis e imóveis resultantes serão de propriedade do Poder Público, assemelhando-se tais conseqüências ao que a Lei de Concessões chamou de "bens reversíveis".[23]

O surgimento de um fundo, na forma da lei, composto por ativos do Estado e recebíveis, inclusive recursos advindos de financiamentos internacionais, tais como do Banco Interamericano de Desenvolvimento – BID, poderá garantir a execução dos projetos, evitando o surgimento de obras inacabadas, grandes exemplos de desperdício de dinheiro público e péssima gerência administrativa. Paralelamente, como órgão de controle e fiscalização, constitui-se uma Câmara, cujas atribuições são deliberativas em relação aos contratos, os quais permanecerão submetidos à Lei de Licitações e auditoria pelo Tribunal de Contas.

O planejamento parece ser o grande motriz do PPP, pois será através dele que se definirá a realização de obras prioritárias, economicamente exeqüíveis. Ademais, diminui-se consideravelmente os riscos políticos de determinados investimentos, pois a vigência da Lei de Responsabilidade Fiscal obriga os governantes ao pagamento de dívidas contraídas, inclusive com o ônus decorrente do "restos a pagar".[24] De qualquer sorte, as

---

[23] Dispõe o art. 23, X, da Lei nº 8.987/95 que a definição sobre os "bens reversíveis" é cláusula obrigatória dos contratos de concessão.

[24] Nas palavras de Jorge Ulisses Jacoby Fernandes (*Responsabilidade Fiscal*. Brasília Jurídica, 2001, p. 43), restos a pagar "representam os valores das despesas empenhadas não pagas até o final do exercício em que ocorreu o empenho".

obrigações decorrentes do PPP terão prioridade sobre outras despesas orçamentárias, principalmente no que tange àquelas destinadas à área social.

Todavia, há desafios postos que deverão ser enfrentados em função do desenvolvimento do programa. O primeiro deles diz respeito ao denominado "marco regulatório setorial". Nesse sentido, o Advogado José Emilio Nunes Pinto, escrevendo sobre as parcerias entre o setor público e o setor privado, alerta, com exatidão, que "a atratividade desses investimentos, em sua maior parte em setores regulados, estará condicionada à estabilidade, clareza e transparência do marco regulatório setorial. É importante que se tenha em mente que a estabilidade de um marco regulatório não implica a sua inalterabilidade. Como qualquer setor de atividade econômica, o das atividades reguladas é dinâmico e deve atender às necessidades de cada um dos estágios de seu desenvolvimento. Além disso, há que se lembrar que, situando-se esses projetos em áreas de infra-estrutura básica, não há como se ignorar a prevalência do interesse público sobre o individual".[25] Definitivamente, não há como se pensar em parcerias que ensejam investimentos se não for definido um marco regulatório que propicie a segurança jurídica necessária aos contratos celebrados entre o setor público e o privado.

Outra questão que precisará ficar bem definida, para que não haja riscos à parceria, é o mecanismo remuneratório, com as respectivas amortizações, participações em lucros, adequação a prazos etc, para que não ocorra locupletamentos, vantagens para uns e prejuízos para outros. Lembra-se que os contratos possuem prazo de vigência determinada, devendo ocorrer compatibilização dos valores investidos com o retorno de tais aplicações.

A hipótese relativa a contraprestação devida pela Administração Pública ao parceiro privado pode envolver, além dos mecanismos tradicionais, como o pagamento em dinheiro, outras variáveis que necessariamente deverão ser bem esclarecidas, inclusive sob o aspecto de sua viabilidade jurídica, tais como a cessão de créditos não tributários, a já referida outorga de direitos sobre bens públicos, dentre outras hipóteses.

Convém, ainda, que se faça, em relação ao PPP, breves considerações acerca dos prévios procedimentos licitatórios, para escolha e seleção do parceiro, atendendo, dentre outros, os dispositivos do Estatuto das Licitações. Nesse sentido, copiando, mais uma vez, a Lei de Concessões de Serviços, admitir-se-á, tão-somente, a modalidade concorrência como ins-

---

[25] Pinto, José Emilio Nunes. *As parcerias entre o setor público e o setor privado*. Texto inserido no Jus Navigandi nº 63 (03/2003).

trumento licitatório prévio à respectiva contratação, sendo que o licitante vencedor, como *conditio sine qua non* para pactuação, terá que constituir sociedade de propósito específico (SPE), admitindo-se a viabilidade de consórcio. Projetos que, em outro momento, ficavam ao encargo específico do Poder Público, poderão ser desenvolvidos pelo contratante, inclusive compartilhadamente.

Por último, o programa dá ensejo à instituição de um órgão gestor, cujas atribuições são de fixar procedimentos para fins de contratação de parcerias e definição de atividades, obras e serviços considerados prioritários pelo Poder Público, responsável pelas diretrizes administrativas. Neste particular, entendemos que a criação de um órgão público depende de lei que assim disponha sobre sua instituição, e não apenas de remissão a ato assinado pelo Poder Executivo. Mesmo que o regime de parcerias público-privadas seja instrumentalizado na forma de lei, para a criação de um órgão gestor, é absolutamente necessário que haja provimento legislativo, não se admitindo a instituição por ato administrativo, sob pena de inconstitucionalidade.[26]

5. Conclusão

Séculos de história demonstram a rotatividade existente no que tange à responsabilidade pela realização de atividades públicas e prestação de serviços. Houve épocas em que mais se delegou à iniciativa privada obrigações e deveres e, em outros momentos, acreditou-se que sozinho poderia o Estado suportar as exigências coletivas. Entretanto, cumpre-se esclarecer que ao Poder Público, de maneira intransferível, coube atribuições que sempre lhe serão próprias, como, por exemplo, a realização do bem comum.

Distantes ou não de tal ideal, vivemos no âmbito de uma sociedade que não fora abandonada pelas instituições públicas, mas por muitos de seus governantes que, por inúmeras questões que não interessam ao presente ensaio, não honraram os compromissos assumidos perante a coletividade. Entretanto, é dever de todos aqueles que operam o Direito, acreditar que soluções existem e que ainda é possível confiar naqueles que pela gestão pública se responsabilizam. Tivemos ótimos exemplos no passado de pessoas que abandonaram causas e interesses pessoais em razão de um bem maior, que é o interesse público. Na busca inces-

---

[26] Dispõe o art. 48, XI da Constituição Federal que compete ao Congresso Nacional, com a sanção do Presidente da República a "criação e extinção de Ministérios e órgãos da administração pública". Nesse sentido, a criação do órgão gestor depende de provimento legislativo.

sante de soluções, é dever nosso confiar que mecanismos como esse que ora surge, das parcerias público-privadas, possam ser oportunos e eficazes, na busca de uma melhor qualidade de vida para todos que acreditam que o Estado, ao lado dos cidadãos, possa construir uma sociedade mais digna e justa.

— 5 —

A impositiva declaração da suspensão da pretensão punitiva do Estado, também quanto ao crime-meio eventualmente vinculado aos delitos previstos no art. 9º da Lei nº 10.684/03 (REFIS II ou PAES)

MARCELO CAETANO GUAZZELLI PERUCHIN
Advogado criminalista. Mestre e Especialista em Ciências Criminais pela PUCRS. Conselheiro da OAB/RS. Professor de Direito Penal, Processo Penal e Prática Processual Penal da PUCRS. Professor de Processo Penal da Escola da AJURIS. Investigador Internacional do ICEPS (*International Center of Economic Penal Studies*).

Uma interessante questão processual penal apresenta-se no cenário nacional, envolvendo a recente Lei nº 10.684/2003, a conhecida Lei do PAES ou REFIS II, especificamente no que alude ao instituto da suspensão da pretensão punitiva do Estado.[1]

Com inegável preocupação de estímulo à arrecadação, mais uma vez o Estado brasileiro ofereceu aos gestores de empresas que possuam débitos tributários e previdenciários especificados na mencionada Lei, a alternativa de adesão a um parcelamento (nos termos previstos), e, com isso, em

---

[1] O Programa de Recuperação Fiscal do Governo Federal (denominado de REFIS) foi instituído pela Lei nº 9.964/00, e em seu art. 15 já previa a suspensão da pretensão punitiva do Estado para alguns delitos contra a ordem tributária e previdenciária. Ocorre, porém, que no mencionado art. 15, condicionava-se a suspensão da pretensão punitiva (em relação aos gestores da empresa devedora) à adesão desta empresa ao Programa, ainda *antes do recebimento da denúncia*, circunstância não repetida pela Lei nº 10.684/03 (art. 9º), a qual instituiu o chamado REFIS II ou PAES. Por conseqüência, os Tribunais brasileiros já manifestaram a orientação de declararem a suspensão de ações penais, na eventualidade da empresa aderir ao REFIS II, mesmo após recebida a inicial acusatória, desde que obedecidos os requisitos impostos pela Lei.

troca, ensejando a suspensão da pretensão punitiva do Estado. Relativizando, pois, a obrigatoriedade da ação penal pública, nesses casos.

Ao garantir a suspensão da pretensão punitiva com a adesão ao parcelamento dos débitos, e com a inovação de não mais vincular tal benefício à anterioridade ao oferecimento da denúncia (como na Lei nº 9.964/00, que instituiu originariamente o REFIS), fica claro o propósito de privilegiar a entrada de recursos nos cofres públicos, em detrimento do exercício do poder de punir, com a conseqüente aplicação das sanções penais.

Pois nesse cenário de política criminal bem definido, a Lei nº 10.684/03 definiu em seu art. 9º, *verbis*:

"É suspensa a pretensão punitiva do Estado, referente aos crimes previstos nos arts. 1º e 2º da Lei nº 8.137, de 27 de dezembro de 1990, e nos arts. 168A e 337A do Decreto-Lei nº 2.848, de 7 de dezembro de 1940 – Código Penal, durante o período em que a pessoa jurídica relacionada com o agente dos aludidos crimes estiver incluída no regime do parcelamento".

Não resta, pois, a menor dúvida de que a *suspensão* da pretensão punitiva deve ser declarada judicialmente, em benefício dos responsáveis pela gestão da empresa, tão logo configurada a adesão da pessoa jurídica ao Programa de Recuperação Fiscal (e cumprimento dos demais requisitos legais), quanto aos delitos elencados no artigo citado acima.

A aplicação do dispositivo em comento, porém, pode suscitar interessante hipótese jurídica, a qual elegemos como objeto do presente artigo. Ocorre que, não raras vezes, o Ministério Público, tanto na esfera Federal, quanto Estadual, além de oferecer denúncia contra os gestores de determinada empresa com fulcro nos artigos mencionados, também exerce a pretensão acusatória em relação aos chamados crimes-meios. E, neste particular, necessário o exame da matéria a partir de algumas considerações teóricas, sendo que procuraremos desenvolver singelas apreciações, para sustentarmos um posicionamento definido quanto à instigante temática ora entregue à consideração do leitor.

Em Direito Penal, um dos princípios que orienta o conflito aparente de normas é o denominado *princípio da consunção* ou da *absorção*. Segundo ele, o chamado *crime-meio*, ou seja, aquele delito que funciona como etapa necessária para o cometimento de um outro delito (o *crime-fim*) deve ser declarado absorvido. Como exemplos de crimes-meios, vinculados aos delitos descritos no art. 9º, citamos os delitos de falsificação de documento público (art. 297), art. 298 (falsificação de documento particular) e art. 299 (falsidade ideológica), todos do Código Penal, dentre outros.

Quanto ao tema, paradigmática é a lição do professor Fernando de Almeida Pedroso, ao abordar referido princípio em sua obra:[2]

"Na consunção (*lex consumens derogat legi consumptae*) ocorre uma *continência de tipos*, sobejando alguns tipos absorvidos e consumidos por outro, denominado consuntivo, dentro de uma linha evolutiva ou de fusão que os condensa numa relação de continente a conteúdo. O tipo consuntivo, que atrai para seu campo de força, consumindo, absorvendo e diluindo-os em seu contexto, prevalece e predomina a final como uma *unidade, esboroando a aplicação dos outros*". (grifos nossos).

Logo adiante, o mesmo doutrinador esclarece que o tipo penal consuntivo atrai tanto os fatos típicos anteriores, quanto os posteriores, indistintamente:

"Possível é que o tipo consuntivo exerça sua força atrativa sobre fatos típicos que lhe sejam anteriores (efeito *ex tunc*), tornando-os *ante factum* impuníveis, ou que absorva fatos ulteriores (efeito *ex nunc*), fazendo-os *post factum* impuníveis. É o *straflose Vor-und Nachtat* do direito germânico".[3]

Assim, pouco importa que os crimes de falso, *e.g.*, tenham sido perpetrados, em tese, antes ou depois do crime-fim, ou seja, aquele identificado pela finalidade do agente, pois deverão ser absorvidos por este, devido à incidência do *princípio da consunção ou da absorção*.[4]

Desse modo, no que alude à Lei nº 10.684/03, o crime-meio funcionaria como *passagem ou etapa necessária* para a alardeada omissão do recolhimento de tributo ou contribuição previdenciária. Consoante leciona o citado Fernando de Almeida Pedroso, o *falsum* "*representa meio e passagem necessária para a consecução da vantagem ilícita, finalidade e escopo últimos do agente*".[5]

Partindo-se desse raciocínio, a título de ilustração, a eventual falsificação de documento indigitada a um denunciado, como *meio* para a consecução da finalidade de omissão de recolhimento de tributos ou contribuições previdenciárias descritas na Lei nº 10.684/03, deve ser tecnica-

---

[2] PEDROSO, Fernando de Almeida. *Direito Penal. Parte geral. Estrutura do crime*. São Paulo: Editora LEUD, 1993, p. 613 e 614.

[3] Op. cit., p. 614.

[4] Dentre alguns autores brasileiros que trabalharam o princípio da consunção ou da absorção, em matéria penal, citamos: BITENCOURT, Cezar Roberto. *Manual de Direito Penal*. Vol. 1. São Paulo:Saraiva, 2000, p. 132; CAPEZ, Fernando. *Curso de Direito Penal*. Vol. 1. São Paulo: Saraiva, 2000, p. 62; TOLEDO, Francisco de Assis. *Princípios Básicos de Direito Penal*. São Paulo: Saraiva, 1991, p. 52.

[5] PEDROSO, Fernando de Almeida. Op. cit., p. 618.

Lições de Direito Administrativo
estudos em homenagem a Octavio Germano

mente considerada *crime-meio*. Ou seja, a configuração do crime-meio só encontra relevo jurídico-penal enquanto etapa necessária (no caso de *ante factum*) para o cometimento do chamado crime-fim.

Tamanha é a importância técnica para o Direito Penal do *princípio da consunção*, que a doutrina construiu o entendimento segundo o qual inclusive os fatos posteriores são absorvidos pelo crime-fim, posto que, quanto aos fatos anteriores, não persiste qualquer divergência considerável, do ponto de vista acadêmico. No que pertine à absorção dos fatos posteriores pelo tipo consuntivo, ministra Fernando de Almeida Pedroso, *verbis*:

> "Mas não somente para absorver e diluir fatos típicos anteriores exerce o tipo consuntivo a sua força de atração. Tem ele azo e ensejo, também, para consumir, esboroar e combalir fatos típicos posteriores, despontando assim o que se denomina de *post factum* impunível... Ocorre o *post factum* impunível, sempre que *visando ao exaurimento de delito anterior*, desenvolva o agente nova atividade típica".[6]

Elucida, ainda, o mencionado autor, o seguinte ensinamento, ainda, quanto ao *post factum* impunível:

> "Algumas vezes, para que o obtenha o sujeito ativo (o exaurimento) terá que desenvolver e engendrar nova atividade, voltada e dirigida à sua obtenção. Atividade esta, contudo, que vem a constituir fato consagrado e contemplado na lei penal como crime. A atividade típica subseqüente voltada a este desiderato, acrisolada ao crime anterior, por ela será diluída e absorvida, constituindo um *post factum* impunível".[7]

Segundo o magistério de Fernando Capez, o *princípio da consunção*, identificado também pelo aforismo latino *lex consumens derogat consumptae*, assim deve ser conceituado:

> "É o princípio segundo o qual um fato mais amplo e mais grave consome, isto é, absorve, outros fatos menos amplos e graves, que funcionam como fase normal de preparação ou execução ou mero exaurimento".[8]

Diante das considerações acima reproduzidas, da lavra de respeitáveis doutrinadores em matéria penal, esperamos ter dado o primeiro passo para a tomada de posição quanto à seguinte indagação: deve ou não a pretensão punitiva ser suspensa, também quanto aos eventuais crimes-

---

[6] PEDROSO, Fernando de Almeida. Op. cit., p. 623.

[7] Idem, p. 624.

[8] CAPEZ, Fernando. *Curso de Direito Penal*. Vol. 1. São Paulo: Saraiva, 2000, p. 62.

meios indigitados na denúncia, quando vinculados aos delitos descritos no art. 9º da Lei referida, em relação aos responsáveis legais das pessoas jurídicas que tenham aderido ao REFIS II, e estejam em situação regular quanto ao pagamento das parcelas avençadas?

Advogamos o entendimento de que não resta a menor dúvida de que a pretensão punitiva do Estado também estará suspensa quanto aos crimes-meios! Inarredavelmente, constitui um completo desatino técnico cogitar-se do prosseguimento da ação penal contra os responsáveis legais da empresa devidamente incluída no REFIS II – exclusivamente quanto aos crimes-meios –, somente pelo argumento de que os tipos penais não constam expressamente na Lei 10.684/03, em seu art. 9º e, portanto, não poderiam ser atingidos pela declaração de suspensão.

Tal argumento é extremamente frágil, e não resiste a uma análise mais acurada, e consentânea com o próprio Estado de Direito. Veja-se que em um sistema jurídico há uma série de princípios consagrados, os quais gravitam e informam a aplicação do Direito Positivo, e que, muitas vezes, não constam expressamente dos Diplomas Legais. O *princípio da consunção* ou da *absorção*, em matéria penal, é um profícuo exemplo, porém não o único! Ao seu lado, tantos outros podem ser recordados, como o princípio da especialidade e o da subsidiariedade (aliás também aplicáveis ao conflito aparente de normas penais), princípio do *ne bis in idem*, princípio do *favor rei*, princípio do *in dubio pro reo*, etc., observáveis tanto do âmbito do Direito Penal Material, quanto no do Direito Processual Penal.

Ora, tais princípios são reconhecidos pela doutrina, aplicados cotidianamente pelos Tribunais, e integram o patrimônio jurídico da pessoa, razão de ser do próprio Estado de Direito. Nesse diapasão, incumbe precipuamente ao Poder Judiciário a consolidação dos princípios que efetivam os direitos fundamentais e que se traduzem em sustentáculos das garantias do cidadão frente ao Estado, mesmo que não expressos nos textos legislativos.

Nesse diapasão, sustentamos a necessidade de declaração da suspensão da pretensão punitiva também quanto ao crime-meio, vinculado a qualquer dos delitos descritos no art.9º da Lei nº 10.684/03, por força da incidência do princípio referido, e cuja aplicabilidade independe de expressa previsão legislativa.

Com efeito, não fosse assim, o julgador criminal deveria estar sempre atrelado aos dispositivos legais, para aplicá-los mecanicamente e com fulcro na interpretação literal, experimentando a escravidão irrestrita ao texto legislativo, retirando-se, pois, do magistrado, a liberdade para exercer a interpretação sistemática do Direito. Neste cenário, o que restaria ao julgador, quando se deparasse com a lacuna legal, ou com o conflito normativo insuperável pela interpretação literal?

Entendemos que, quando do exame da matéria, o magistrado criminal, frente à configuração da inclusão da empresa no REFIS II, deve proceder à mesma avaliação técnica realizada quando da sentença, no que pertine à incidência do *princípio da consunção*. Caso configurado o vínculo jurídico de meio e fim entre os delitos indigitados na denúncia, deve ser declarada a suspensão da ação penal, incluindo, por evidente, o denominado crime-meio, até mesmo por uma imposição lógica, antes mesmo de jurídica.

Constitui esdrúxula situação submeter o denunciado a uma ação penal unicamente pelo crime-meio, devendo exercer sua defesa quanto à eventual falsidade documental, *e.g.,* em uma hipótese em que a pretensão punitiva pelo crime de omissão tributária tenha sido declarada suspensa. Não há qualquer dúvida de que a suspensão da ação penal quanto ao crime-fim retira a justa causa para o processamento quanto ao crime-meio, cuja existência jurídica é dependente daquele, tanto é assim, que deve ser considerado absorvido.

Ora, o *princípio da consunção* não necessariamente deve ser aplicado na sentença definitiva, sendo possível sua incidência no momento em que for decidida a suspensão da pretensão punitiva, devido à comprovação de adesão ao REFIS II.[9]

Entendemos que, caso o julgador monocrático não venha a declarar a suspensão da pretensão punitiva também quanto ao crime-meio, nas hipóteses aqui aventadas, é caso de impetração de *habeas corpus*, levando-se a coação ilegal ao conhecimento da Instância Superior (Tribunal Regional Federal ou Tribunal de Justiça, dependendo da competência), a fim de ser efetivado o respeito ao *princípio da consunção* ou da *absorção*.

É indubitável, em nosso entendimento, a imposição da declaração da suspensão da pretensão punitiva do Estado, também quanto a eventuais crimes-meios indigitados na peça exordial acusatória (vinculados aos crimes-fins descritos no art. 9º da Lei nº 10.684/03), impedindo-se, assim, a continuidade da tramitação de uma ação penal contra os responsáveis legais de empresas que aderiram ao REFIS II ou PAES, e estejam em regular situação quanto ao pagamento das parcelas.

---

[9] Em recente acórdão, a Oitava Turma do TRF da 4ª Região, por unanimidade, concedeu ordem de *habeas corpus*, para o fim de determinar a suspensão da pretensão punitiva do Estado contra pacientes que figuravam como réus de ação penal, face à comprovação de adesão da empresa ao REFIS II, não só quanto ao crime-fim (omissão de recolhimento de contribuições previdenciárias), mas também quanto ao crime-meio (falsificação de documento público). O Relator foi o Desembargador Federal Luiz Fernando W. Penteado (HC nº 2003.04.01.056176-7/RS).

— 6 —

Da inconstitucionalidade dos
§§ 4º e 5º do art. 1.228 do novo Código Civil

PEDRO HENRIQUE POLI DE FIGUEIREDO

Auditor Substituto de Conselheiro do TCE/RS
Professor de Direito Administrativo, Mestre e Doutorando em Direito pela UFRGS

Com o advento do Código Civil de 2002, uma nova realidade jurídica se apresenta, trazendo a necessidade de se proceder a uma nova interpretação do ordenamento jurídico, inclusive no que se refere à análise da conformidade dos seus dispositivos com a Constituição Federal vigorante.

Indubitavelmente, o tratamento dado à propriedade pelo Novo Código se coaduna com a busca de atendimento à função social exigida pelo art. 5º, XXIII, do Texto Constitucional. Daí que os artigos 1.228 e seguintes do Código trazem normas que são mais claras na admissão de restrições ao exercício do direito de propriedade, conformando-o às suas finalidades econômicas e sociais e às exigências de um meio ambiente equilibrado e sustentável.

Certamente foi a preocupação com a função social da propriedade que levou o legislador a inserir, logo após admitir a privação da propriedade permanentemente, pela desapropriação, ou temporariamente, por requisição (§3º),[1] no art. 1.228 do Novo Código, os §§ 4º e 5º, que assim dispõem:

"Art. 1.228 - ...

§ 4º O proprietário também pode ser privado da coisa se o imóvel reivindicado consistir em extensa área, na posse ininterrupta e de boa-fé, por mais de 5 (cinco) anos, de considerável número de pessoas, e

---

[1] Não é demais lembrar que o art. 5º, incisos XXIV e XXV, da Constituição Federal em vigor, já admitiam esses meios de intervenção do Estado na propriedade.

estas nela houverem realizado, em conjunto ou separadamente, obras e serviços considerados pelo juiz de interesse social e econômico relevante.

§ 5º No caso do parágrafo antecedente, o juiz fixará a justa indenização devida ao proprietário; pago o preço, valerá a sentença como título para o registro do imóvel em nome dos possuidores."

O artigo *suso* transcrito nos leva a algumas considerações e inquietações para a verificação de sua conformidade com a vigente Carta Constitucional. Neste passo, cabe questionar sobre a possibilidade de a legislação infraconstitucional estabelecer uma nova forma de desapropriação da propriedade fora das hipóteses constitucionalmente admitidas.

Deve-se desde logo refutar a hipótese improvável de que o Código Civil, nos referidos parágrafos, estaria a tratar de uma hipótese de responsabilização civil dos ocupantes de áreas privadas, pois a expressão *"de interesse social e econômico relevante"* dá um norte interpretativo a indicar do Estado a fonte de custeio para a reparação do proprietário cuja área venha a ser ocupada.

De outra parte, a expressão *"considerável número de pessoas"* está a determinar uma atuação coletiva tendente à realização das obras e serviços que possam ser considerados para os fins da aplicação do dispositivo que afasta a exigibilidade de indenização por parte dos ocupantes, mas sim pelo Estado substitutivamente ao grupo de indivíduos. Há de se considerar, ainda, que, dificilmente, pessoas que tivessem condições econômicas de arcar com o custo das indenizações pertinentes viriam a ocupar áreas de terceiros, o que tornaria quase impossível a exigibilidade de indenização pelos numerosos beneficiários, o que traria a dificuldade adicional de se determinar o *quantum* a ser exigido de cada qual.

Como se sabe, salvo a hipótese de expropriação confiscatória constitucionalmente admitida no art. 243 da Carta Constitucional, a desapropriação é o meio de intervenção do Estado na propriedade mais gravoso que admite o nosso sistema jurídico, pois traz como conseqüência a extinção da propriedade anterior e a constituição no seu lugar da propriedade pública. Daí que a sua aplicabilidade há de ser interpretada com as restrições que o próprio ordenamento jurídico constitucional traz.

Quando o art. 5º, XXIV, da Constituição Federal em vigor admite a desapropriação, o faz trazendo requisitos a serem imperativamente observados na lei que venha a estabelecer o competente rito. Dentre estes requisitos estão aqueles que podemos designar como *causais*, pois dizem respeito à causa sobre a qual recairá a desapropriação, ou seja, a utilidade pública, a necessidade pública ou o interesse social. O outro requisito é, em decorrência do princípio da justa distribuição dos ônus e encargos públicos entre todos, o da indenização, que deve ser justa, prévia e em dinheiro, ressalvados os casos previstos na Constituição Federal.

Ainda que se admitisse que é possível a subversão da ordem procedimental estabelecida no ordenamento jurídico em vigor, a exigir uma fase declaratória precedentemente à efetivação da desapropriação, em atendimento ao princípio do *due process of law* (art.5°, LIV, CF), o que não ocorre nos parágrafos em comento da Lei Civil, e, ainda que se entendesse que tais dispositivos estariam a criar uma nova causa de interesse social, pois direcionados à justa distribuição da propriedade e ao condicionamento de seu uso ao bem estar social, não se ultrapassaria a barreira da exigibilidade da *prévia indenização*, pois na expropriação em tela só se fala em indenização após a realização das obras e serviços de relevante interesse social.

Mas não está só aí a inconstitucionalidade dos §§ 4° e 5° do art. 1.228 do Código Civil. Ao atribuir ao juiz a decisão sobre a realização da desapropriação, está o Código Civil atribuindo ao Judiciário função atípica não estabelecida na Constituição Federal e, como tal, afrontando um dos pilares fundamentais do sistema constitucional, que é o princípio da separação dos Poderes previsto no art. 2° da Constituição Federal.

Não é demais lembrar que, por força das regras constitucionais atinentes às finanças públicas e ao sistema orçamentário, as despesas decorrentes da aplicação dos dispositivos deveriam estar previamente previstas na pertinente lei orçamentária em favor do órgão incumbido de fazer frente às despesas decorrentes da aplicação da lei.

Assim, quer por ofensa ao *due process of law*, quer pela afronta à exigência de prévia indenização, e, principalmente, por afronta ao princípio da separação dos Poderes, são inconstitucionais os §§ 4° e 5° do art. 1.228 do Código Civil.

— 7 —

Características gerais das Organizações Sociais

DANIEL D'ALÓ DE OLIVEIRA

Advogado, Professor da PUCRS e
Mestre em Direito Público pela PUCRS

Sumário: 1. Introdução; 2. Os setores da economia; 2.1 O primeiro setor; 2.2 O segundo setor; 2.3 O terceiro setor; 3. Conceito e características gerais; 4. Natureza jurídica; 5. Considerações finais.

1. Introdução

A idéia de parceria, como se sabe, é uma *idéia-força* deste final de século. Fala-se em parceria atualmente em quase todos os ramos do Direito. No Direito Internacional, por exemplo, as nações fortalecem laços estratégicos, econômicos e políticos, firmando *parcerias regionais*, tais como o MERCOSUL, NAFTA, União Européia, possivelmente a ALCA, dentre outras. No Direito do Trabalho, mecanismos de participação dos empregados nos lucros da empresa indicam o surgimento do que se tem denominado *parceria entre empregadores e empregados*. No Direito Administrativo, renascem as concessões e permissões de serviço público como formas de parceria dos particulares com o Estado em áreas estratégicas de *natureza econômica*. No âmbito dos direitos sociais, a parceria entre particulares e o Estado até o momento ressente-se de melhor institucionalização e aperfeiçoamento, embora os Programas de Parceria Público-Privada, conhecidos internacionalmente pela sigla PPP, estejam surgindo de maneira significativa no contexto administrativo, como alternativas não apenas à realização de obras e prestação de serviços, mas inclusive para satisfação de interesses sociais.[1]

O Direito Público vem sofrendo alterações conceituais, deixando de ser o Direito do Estado, onde a ação unilateral deste, submetida a critérios de legalidade, com traços de autoritarismo e privilégios do *jus imperium*, sobrepõe-se sempre aos interesses do cidadão.

Hoje, predomina o conceito, conforme elucida Diogo de Figueiredo Moreira Neto,[2] de que "o público é o campo de ação do Estado mas não mais seu monopólio".

Passou, desta forma, o Estado a admitir e valorizar a participação dos cidadãos, onde Caio Tácito,[3] ao estudar este novo panorama, define: "O Direito Administrativo de mão única caminha para modelos de colaboração, acolhidos em modernos textos constitucionais e legais, mediante a perspectiva de iniciativa popular ou de cooperação privada no desempenho das prestações administrativas".

Criaram-se, para tanto, novas técnicas[4] como o estímulo à privatização, transferência de atribuições, através das concessões e permissões de serviços, gestão direta pela comunidade de serviços sociais e assistenciais, terceirização da atividade-meio,[5] dentre outras formas de participação da iniciativa privada e de setores organizados da comunidade no desempenhar de atividades públicas.

São os mecanismos de participação do cidadão que geram um novo modelo de Estado, com setores de atuação diferenciados, sem que para isto haja uma desorganização e uma falta de unidade do Direito Público, uma vez que este apenas evolui no sentido de, sem ferir seus princípios basilares, criar hipóteses para poder resolver problemas emergentes, evitando os entraves burocráticos proporcionados pelas atividades estatais.

Destaca, com propriedade, o Professor Diogo de Figueiredo Moreira Neto[6] que "entre as linhas de orientação dessa reversão, espelhando as

---

[1] No que diz respeito à questão da parceria público-privada e da participação de particulares na consecução de serviços públicos, recomendamos a leitura do artigo constante desta obra, de autoria do Professor Luiz Paulo R. Germano, denominado *Serviço Público: Do Estatismo às Parcerias Público-Privadas*.

[2] MOREIRA NETO, Diogo de Figueiredo. Organizações Sociais de Colaboração-Descentralização Social e Administração Pública Não-Estatal, *RDA* 210, p. 183.

[3] TÁCITO, Caio. Direito Administrativo Participativo, *RDA* 209, p. 1.

[4] No presente trabalho, entende-se por técnica como um modo de se administrar o Estado utilizando-se de dos meios citados (privatizações, etc.), não vislumbrando um efeito valorativo, de certo ou errado, mas um método do qual a administração pública vai gerir a máquina estatal.

[5] No presente trabalho, entende-se como atividade-meio aquela pela qual o Estado busca uma parceria para gerir diretamente suas tarefas, não somente quanto ao fim, como por exemplo a saúde, mas como desenvolver atividades de apoio sem diretamente fazer parte, e, sim, delegar a iniciativa privada.

[6] MOREIRA NETO, Diogo de Figueiredo. Op. cit., p.185.

novas tendências institucionais vislumbradas na prospectiva do Estado, que se destaca a despolitização, aparecendo entrelaçada de várias maneiras com a pluralização dos interesses, a subsidiariedade e a delegação social; para assentar as bases juspolíticas do Estado do novo milênio".

Ainda, neste mesmo sentido, Odete Medauar[7] esclarece que: "Após uma concepção da Administração detentora do interesse público, emerge entendimento de que a administração deve compartilhar tal atribuição com a sociedade".

Nossa Constituição, através de diversos instrumentos, mostra que essa participação, seja do cidadão, seja de empresas privadas na gestão pública, é necessária e bem-vinda.

A partir deste novel pensamento, surgem as organizações sociais, como forma de parceria do Estado com instituições privadas de fins públicos ou, sob outro ângulo, um mecanismo de participação popular na gestão administrativa.

Seriam elas, na lição de Juarez Freitas,[8] um terceiro setor, "nem estatal, nem exclusivamente privado ... Em outras palavras, as organizações sociais ocupam zona mesclada, intermediária entre o público e o privado, claramente integrantes do emergente e valiosíssimo terceiro setor."

Neste diapasão, o presente ensaio, em linhas gerais, avaliará alguns aspectos relacionados às *Organizações Sociais*, tais como sua natureza jurídica e seus propósitos, para que elas possam efetivamente ser reconhecidas como opções políticos-administrativas de gestão, cumprindo com o papel para o qual foram criadas, qual seja, auxiliar e tornar mais eficiente a administração pública.

Ainda na visão do referido jurista, as OS[9] podem desempenhar um papel precioso de colmatação de lacunas da ação estatal.[10]

Vem a lume a Lei nº 9.637/98, que dispõe sobre a qualificação de entidades como organizações sociais, fixando os conceitos e diretrizes deste novo instrumento de atuação.

Surge, em primeiro lugar, segundo já anotou Paulo Modesto,[11] que elas não devem ser autarquias veladas, nem titularizar qualquer espécie de

---

[7] MEDAUAR, Odete. *O Direito Administrativo em Evolução*, RT, p. 181.

[8] FREITAS, Juarez. As Organizações Sociais, Sugestões para o aprimoramento do modelo federal, *DBA*, out/98, p. 617.

[9] A abreviatura OS, que significa Organizações Sociais, é permitida pela própria Lei 9.637/98, em seu art. 1º.

[10] O sistema normativo deve, antes de tudo, servir para coibir o vício e promover a solidariedade. Em semelhante linha, não há como sermos refratários a formas jurídicas novas, nos exatos limites em que se prestarem a tais funções superiores.

[11] MODESTO, Paulo. Reforma Administrativa e Marco Legal das Organizações Sociais no Brasil. Disponível em: http://www.jus.com.br/doutrina/orgsoci2.html. Acesso em: março/2001.

prerrogativa de direito público. Tampouco são formas de privatizações de entes públicos. São novas criaturas, que surgem da idéia de parceria.

Segundo o conceito positivado na Lei 9.637/98 (Lei da OS): "são pessoas jurídicas de direito privado, sem fins lucrativos, voltados para atividades de relevante valor social, que independem de concessão ou permissão do Poder Público, criadas por iniciativa de particulares e reconhecidas, fiscalizadas e fomentadas pelo Estado".

2. Os setores da economia

2.1. O primeiro setor

Inicialmente, para que se localize e se identifique o terceiro setor, deve-se entender, por óbvio, que existem o primeiro e o segundo setores da economia. Para que se possa dar início ao presente texto, necessário se faz uma breve análise dos primeiros dois setores para então atingir o objetivo e delimitar o que vem a ser o terceiro.

Como se sabe, o primeiro setor é o governamental, em três níveis distintos de autonomia:

a) a UNIÃO,

b) os Estados-Membros (incluindo-se aqui o Distrito Federal) e

c) os Municípios.

Salienta-se, também, que dentre as denominadas pessoas jurídicas de direito público interno, enumeradas no artigo 41 do Código Civil brasileiro, destacam-se as autarquias e demais entidades de caráter público criadas por lei, as quais auxiliam o Estado na consecução de seus objetivos.

Inserem-se, de igual forma, no primeiro setor quaisquer outros entes criados pela Administração Pública em seus três níveis, ainda que sua estrutura jurídica seja de direito privado. Por conseguinte, seu funcionamento será regido por normas da legislação civil comum. Se o patrimônio inicial aportado é público, a entidade estará vinculada ao Primeiro Setor da Economia, pois o que importa é o capital inicial, e não a natureza jurídica do ente criado.

Assim, tem-se, no Primeiro Setor, a Administração Pública, dividida nos mais variados órgãos com finalidade de gerir, guardar, conservar e aprimorar todos os bens, interesses e serviços da coletividade, para bem servir a todos os cidadãos.

Essa Administração, é sabido, pode ocorrer quer na forma centralizada (quando a prestação ou a execução de serviços se limita a órgãos do próprio aparelho administrativo estatal), quer na forma descentralizada (quando a atividade administrativa - titularidade e execução - é atribuída à entidade distinta da administração central, deslocando-se assim o serviço público a ser prestado). Daí as nomenclaturas, administração pública direta (centralizada) e indireta (descentralizada).

Portanto, não faz qualquer diferença se a gestão da coisa pública, ou mesmo do serviço público a ser realizado, acontece de forma direta ou indireta, vinculando-se a administração ao Primeiro Setor. É preciso ressaltar que o Primeiro Setor (Estado), não dispondo de meio para produzir riquezas isoladamente, busca, nos outros setores, através de imposição legal (Tributos), recursos para bem atender aos serviços públicos essenciais à população. É o Estado, pois, o grande arrecadador dos demais setores, podendo, a seu critério, retirar mais de uns a fim de favorecer outros.

É também o Primeiro Setor grande gerador de empregos e, dependendo da priorização governamental, um grande formulador de idéias e projetos a beneficiar este ou aquele segmento da sociedade.

A partir da década de noventa, com a globalização, passou-se a dar maior ênfase às privatizações de muitas autarquias e de numerosas empresas públicas deficitárias, transferindo-se, dia a dia, para o Segundo Setor parte da missão empresarial, muitas vezes ocupada não só de forma indevida, como também de forma mal-gerida pelo Poder Público, inábil para certas empreitadas empresariais.

O objetivo das privatizações, dentre outros, é possibilitar que a Administração Pública possa cuidar melhor do que é de sua estrita responsabilidade, delegando à iniciativa privada as atividades que lhe são próprias, podendo, deste modo, gerir e prover recursos com maior eficiência e agilidade, a fim de melhorar os serviços públicos.[12]

Se por um lado não há concordância com todo e qualquer tipo de privatização, por outro tem-se o pensamento de que, graças a ela, o Estado poderá perder sua grande inclinação patrimonialista e se dedicar mais ao aprimoramento dos serviços públicos.

2.2. O segundo setor

Este é o verdadeiro setor produtivo de todo país essencialmente capitalista. Nele estão englobadas as indústrias, todas as empresas comerciais, as entidades agrícolas, o conglomerado de construção civil comercial ou habitacional, enfim, todo setor de produção com fins de

---

[12] O Professor Luiz Paulo R. Germano, em sua dissertação de mestrado, intitulada "A Privatização dos Serviços Públicos" (PUCRS/2001), afirma categoricamente que a principal meta das privatizações é a melhoria da prestação dos serviços à coletividade, ressaltando "ser infeliz o governante que, ao promover processos de venda, alienação e transferência de bens e serviços a particulares, objetiva apenas a arrecadação de recursos".

lucratividade. É, por assim dizer, o anteparo da economia estatal, que gera uma economia de mercado, extremamente competitiva, um incentivo à eficiência e ao espírito empreendedor, conduzindo a economia de mercado, como regra, à queda dos preços e produtos e serviços de melhor qualidade.

De forma clássica, o chamado segundo setor da economia é subdivido em subsetores: primário, secundário e terciário.

No subsetor primário, estão todos os produtos agropecuários a serem consumidos *in natura*. É a terra, o campo, cumprindo suas duas maiores funções, quais sejam: função social (geração de empregos) e função econômica (geração de riquezas). O secundário é o subsetor da transformação em que a matéria-prima se torna elaborada, para, então, ser apresentada e consumida pelos compradores finais. É o denominado produto industrializado.

No segundo subsetor, encontra-se a mola maior do progresso de qualquer sociedade no mundo capitalista, sendo imprescindível para o desenvolvimento de todo país moderno. É de extrema importância que este subsetor progrida, para, num segundo momento, auxiliar as entidades beneficentes.

2.3. O terceiro setor

Inserem-se, neste terceiro setor, quaisquer iniciativas públicas e/ou privadas na criação e/ou transformação de entidades jurídicas não-governamentais a perseguir o bem comum da coletividade, com marcante interesse público, sem qualquer finalidade lucrativa.

O terceiro setor não visa à lucratividade e não é considerado, desta forma, uma atividade de cunho mercantil. Eventual superávit deve ser inteiramente reaplicado no próprio patrimônio já existente e/ou na consecução das finalidades da entidade. Por ser dependente de recursos dos outros setores da economia, uma vez que pouco gera isoladamente, seu crescimento não será possível sem um grande avanço dos demais segmentos da sociedade, e muito menos, se inexistir conscientização de que todos devem ter um mínimo de preocupação com o todo coletivo. Havendo o comprometimento dos demais setores da economia, principalmente, o segundo, no sentido de auxílio a entidades sem fins lucrativos, por certo, dentre outros incrementos, o Terceiro Setor gerará, diretamente, um maior número de empregos, uma das maiores preocupações mundiais, uma vez que ocorrerá o fortalecimento desta esfera econômica e, por conseqüência, acarretará em um maior número de divisas para o mercado. E indiretamente também haverá ganhos, pois elevará o nível de arrecadação estatal, representativo do Primeiro Setor.

O Terceiro Setor é, pois, gênero do qual são espécies todas as sociedades civis sem fins lucrativos, v.g., as *Organizações Sociais*.

É de se notar que ao lidar intensivamente com o público, através de atendimento pessoal, seja na área da saúde ou da educação,[13] dentre outras, tem o terceiro setor aumentado a absorção de mão-de-obra, inclusive do Segundo Setor, o que efetiva as relações de consumo.

Sabe-se que os serviços sociais prestados pelo Estado são ineficientes e parcos. As Organizações Sociais, instituídas já há algum tempo, podem contribuir decisivamente para que o Poder Público possa satisfazer às comunidades carentes, o que possibilitará não apenas o atendimento de uma das prioridades nacionais, mas, também, certamente haverá, e já há, espaço muito grande para o crescimento das entidades sem fins lucrativos, como se pode observar das OS, que deverão ocupar o lugar dos órgãos governamentais, na sua maioria engessados e burocráticos. Nota-se, como destaque, que o Princípio da Eficiência é trazido explicitamente na Reforma Administrativa declinada na Emenda Constitucional nº 19/98, o que de plano corrobora com a tese aqui elencada no que tange à importância das OS no novo patamar administrativo.

Assim o Terceiro Setor e mais precisamente as OS poderão gradativamente substituir o Poder Público nesta empreitada, empregando o dinheiro de forma mais eficaz, uma vez que o atual modelo não está convencendo. Para tanto, basta analisar a situação da população brasileira, onde se gasta absurdamente o dinheiro público sem necessariamente obter-se resultados positivos.

3. Conceito e características gerais

As Organizações Sociais (OS - sigla definida e permitida pela Lei 9.637/98) são um modelo de organização pública não-estatal destinada a absorver atividades publicizáveis mediante qualificação específica. Trata-se de uma forma de propriedade pública não-estatal, constituída pelas associações civis sem fins lucrativos, que não são propriedade de nenhum indivíduo ou grupo e estão orientadas diretamente para o entendimento do interesse público.

Ao definirmos as Organizações Sociais como organização pública, neste caso, não se está igualando, mas apenas as comparando com Fundações Públicas ou Autárquicas, muito menos com as Fundações de Direito

---

[13] MOROLLI, Fábio Giusto. A Evolução do Direito Público e a Parceria com a Iniciativa Privada – Transferência de Serviços Públicos de Natureza Social, *Legislativo ADCOAS*, p. 190/191.

Privado instituídas e mantidas pelo Poder Público, diferença que será devidamente tratada em item posterior. De qualquer sorte, as OS não poderão ser consideradas como de Direito Público, pois não são criadas pelo Estado, mas, sim, conforme a lei, *fomentada*[14] por ele.

Neste aspecto da parceria, as organizações sociais definem-se como instituições do terceiro setor (pessoas privadas de fins públicos, sem finalidade lucrativa, constituídas voluntariamente por particulares, auxiliares do Estado na persecução de atividades de relevante interesse coletivo), pois possuem o mesmo substrato material e formal das tradicionais pessoas jurídicas privadas de utilidade pública.

Não são um novo tipo de pessoa jurídica privada, nem entidades criadas por lei e encartadas na estrutura da administração pública. São pessoas jurídicas estruturadas sob a forma de fundação privada ou associação sem fins lucrativos. Ser organização social, por isso, não significa apresentar uma estrutura jurídica inovadora, mas possuir um título jurídico especial, conferido pelo Poder Público em vista ao atendimento dos requisitos gerais de constituição e funcionamento previstos expressamente em lei.

Esses requisitos são de adesão voluntária por parte das entidades privadas e estão dirigidos a assegurar a persecução efetiva e as garantias necessárias a uma relação de confiança e parceria entre o ente privado e o Poder Público, na visão de Paulo Modesto.[15]

Diante de tais reflexões, encontra-se a definição de Paulo Modesto: "As organizações sociais são pessoas jurídicas de direito privado, sem fins lucrativos, voltadas para atividade de relevante valor social, que independem de concessão ou permissão do Poder Público, criadas por iniciativa de particulares segundo modelo previsto em lei, reconhecidas, fiscalizadas e fomentadas pelo Estado".[16]

Do conceito acima, deve-se destacar que há a possibilidade de entidades antes pertencentes ao Poder Público serem transformadas para OS, como é o exemplo da Fundação Roquete Pinto (Televisão Educativa do Rio de Janeiro - TVE Rio) que se transformou em Associação de Comunicação Educativa Roquete Pinto - ACERP, sendo que tal transformação se deu pelo advento da referida legislação criadora das OS.

Todavia, alguns doutrinadores[17] entendem que as organizações sociais, incluídas no terceiro setor, nada mais seriam do que um meio velado

---

[14] Entende-se por fomento a parcela de contribuição monetária que o Estado dá para ajudar a manter instituições em geral sem fins lucrativos, desatreladas da administração pública, como é o caso da ajuda a ONGs e outras entidades, dentre elas as OS.

[15] MODESTO, Paulo. Reforma Administrativa e Marco Legal das Organizações Sociais no Brasil. Disponível em: http://www.jus.com.br/doutrina/orgsoci2.html. Acesso em: março/2001.

[16] Id., ibid.

[17] Maria Sylvia Zanella Di Pietro, José Eduardo Sabo Paes, dentre outros.

de privatização, com base justamente no que fora explanado no parágrafo anterior.

Tal colocação, que será devidamente analisada no decorrer desta dissertação, não vislumbra qualquer tipo de veracidade, eis que as OS foram criadas para permitir que o trabalho social sem fins lucrativos pudesse, de uma maneira mais livre, sem os entraves burocráticos e desnecessários, desenvolver-se para atingir um nível de crescimento possibilitando alcançar um maior número de pessoas dentro da população nacional.

Ainda, Modesto complementa que as organizações sociais, no modelo proposto, não serão autarquias veladas, nem titularizarão qualquer espécie de prerrogativa de direito público. Não gozarão de prerrogativas processuais especiais ou prerrogativas de autoridade. Não estarão sujeitas à supervisão ou tutela da administração pública direta ou indireta, respondendo apenas pela execução e regular aplicação dos recursos e bens públicos vinculados ao acordo ou contrato de gestão que firmarem com o Poder Público. Não serão instituídas por lei nem custeadas na sua integridade, de modo necessário, pelo Poder Público. Serão entidades privadas reconhecidas pelo Estado, à semelhança das atuais entidades de utilidade pública, devendo sua constituição jurídica iniciativa voluntária dos indivíduos.

Salienta-se, ainda, que no documento do Ministério da Reforma do Estado, Caderno 2, 1998, restou dito, às p. 15 e 17: "a desvinculação administrativa em relação ao Estado não deve ser confundida com uma privatização de entidades da Administração Pública. As organizações sociais não serão negócio privado, mas instituições públicas que atuam fora da Administração Pública para melhor se aproximarem de suas clientelas (...) a implementação de organizações sociais implica duas ações complementares: a publicização de determinadas atividades executadas por entidades estatais (que serão extintas); e a absorção dessas atividades por entidades privadas qualificadas como OS, mediante contrato de gestão."

4. Natureza jurídica

Encontra-se bem especificada no artigo 1º da Lei 9.637/98, Diploma Legal que instituiu as OS, a definição para sua respectiva qualificação, como segue, *in verbis*: "O Poder Executivo poderá qualificar como organizações sociais pessoas jurídicas de direito privado, sem fins lucrativos, cujas atividades sejam dirigidas ao ensino, à pesquisa científica, ao desenvolvimento tecnológico, à proteção e preservação do meio ambiente, à cultura e à saúde, atendidos aos requisitos nesta lei."

Interpretando-se o teor e a finalidade da lei, vê-se que também as Fundações Públicas podem ser Organizações Sociais. Todavia, do artigo acima transcrito, extrai-se, à primeira vista, que somente entes privados poderão ser qualificados como OS; entretanto, na mesma lei, mais precisamente no artigo 21, houve a extinção da Fundação Roquete Pinto (Fundação Pública), transformando-se em Associação de Comunicação Educativa Roquete Pinto – ACERP.

Ocorre que a Fundação em pauta tratava-se de Fundação de Direito Público, o que significa que não somente entes privados podem ser qualificados como Organizações Sociais, mas também entidades de direito público, o que denota a imperiosa necessidade da transformação da natureza jurídica do ente qualificado, para fins de adequação ao que dispõe a lei e cumprimento dos propósitos determinados.

Neste diapasão, busca-se uma definição da natureza das OS, qual seja, entidades dotadas de personalidade jurídica de direito privado, uma vez que, conforme indica Juarez Freitas,[18] *o regime das organizações sociais desponta como atípico.* Todavia, apesar de "atípico", denota-se uma inclinação ao regime privado, uma vez que se afasta do público quanto à sua forma, estrutura, relações jurídicas etc.

Salienta-se, por oportuno, que embora possuam personalidade jurídica de direito privado, as OS estão compelidas a cumprir com determinadas incidências públicas, tal como submissão à auditoria pelo Tribunal de Contas, na medida em que há subvenção de dinheiro público. Embora prestem serviços, principalmente de cunho social, as OS não executam serviços públicos no molde do art. 175 da Constituição Federal, mas recebem delegação de poderes e cumprem com seus objetivos sem fins lucrativos.

As Organizações Sociais são entidades especialmente vocacionadas a travar parcerias com o Poder Público para o exercício de atividades de interesse coletivo.

5. Considerações finais

Diante do que foi exposto, resultado de um breve apanhado acerca das Organizações Sociais, permitimo-nos apresentar rápidas conclusões acerca do instituto:[19]

---

[18] FREITAS, Juarez. Op. cit., p. 182.

[19] Nas palavras de Paulo Modesto: "Ser organização social não se pode traduzir em uma qualidade inata, mas em uma qualidade adquirida, resultado de um ato formal de reconhecimento do Poder Público, facultativo e eventual, semelhante em muitos aspectos à qualificação deferida às instituições privadas sem fins lucrativos quando recebem o título de utilidade pública". (Reforma Administrativa e Marco Legal das Organizações Sociais no Brasil)

O regime jurídico das OS, segundo estudo correlacionado, é de natureza "atípica". Entretanto deve-se lembrar que, nos dizeres de Juarez Freitas,[20] "na ótica prescrita, há uma dominância de regras de direito privado e simultaneamente preponderância de princípios de direito público".

Ao se elencar os princípios de direito público, estar-se-ia tratando, acima de tudo, dos "princípios constitucionais", os quais devem ser observados tanto no plano privado como no público. Aliás, nesta seara merece ser destacada a linha tênue que separa tais institutos, pois, como se sabe, há uma aproximação significativa entre o Direito Público e o Privado, acarretando no surgimento daquilo que se chamou "constitucionalização do Direito Civil".

Cabe ao Poder Executivo qualificar as entidades privadas, que exerçam atividades dirigidas ao ensino, à pesquisa científica, ao desenvolvimento tecnológico, à proteção e preservação do meio ambiente, à cultura e à saúde, como Organizações Sociais, exigindo os seguintes documentos que comprovem: a) o registro de seu ato constitutivo; b) a natureza social de seus objetivos; c) a finalidade não-lucrativa, bem como compromisso de investir o excedente financeiro no desenvolvimento das próprias atividades; e c) o estabelecimento de um Conselho de Administração e uma Diretoria, como órgãos de deliberação superior e direção.

O Conselho de Administração tem privativas atribuições no sentido de aprovar por maioria, no mínimo, de dois terços de seus componentes, o regulamento da OS, especificando os procedimentos a serem adotados nas respectivas contratações, bem como a proposta do contrato de gestão, demonstrativos fiscais e financeiros e exercer, criteriosamente, a fiscalização do cumprimento das diretrizes e metas definidas.

À Administração Pública é possível a contratação, mediante dispensa de licitação, na forma do art. 24, XXIV da Lei nº 8.666/93 (alterada pela Lei nº 9.648/98) de OS, qualificadas nas respectivas esferas de governo, para a prestação de serviços, de acordo com atividades contempladas no contrato de gestão.

A proposta orçamentária e o cronograma de investimentos, assim como o contrato de gestão, pactuado entre o Poder Público e a Organização Social, instrumento indispensável à formação da parceria, além de ser necessariamente aprovado pelo Conselho de Administração, deverá ser submetido à autoridade governamental supervisora da área correspondente à atividade fomentada, respeitados os princípios aplicáveis à Administração. As OS submetem-se à inspeção do Tribunal de Contas, e qualquer

---

[20] FREITAS, Juarez. *O controle dos atos administrativos e os princípios fundamentais*. 2.ed. Editora Malheiros.

cidadão é parte legítima para denunciar fraudes, desvios e quaisquer outras ilicitudes havidas no âmbito das Organizações Sociais.

As OS não se aproveitam dos privilégios processuais e fiscais advindos da Lei nº 6.830/80, aplicando-se tais regramentos apenas às entidades políticas (União, Estados, Distrito Federal e Municípios), bem como a suas respectivas autarquias. Constata-se que todas as entidades nominadas são pessoas jurídicas de direito público interno, o que reforça a idéia, mais uma vez, de que as Organizações Sociais são entidades que gozam de personalidade jurídica de direito privado.

Por último, embora sejam objeto da transformação entidades privadas, nada obsta que instituições públicas possam ser modificadas para OS, como antes já se havia mencionado a hipótese relacionada à então Fundação Roquete Pinto (TVE do Rio de Janeiro) que, convertida para Organização Social, passou a ser denominada como Associação de Comunicação Educativa Roquete Pinto - ACERP.

— 8 —

Comissões Parlamentares de Inquérito

GUSTAVO BOHRER PAIM
Professor Universitário e Advogado

Sumário: 1. Introdução; 2. Requisitos; 2.1. Fato determinado; 2.2. Prazo certo; 2.3. Um terço dos membros da casa legislativa; 2.4. Interesse público 3. Proporcionalidade dos membros; 4. Poderes próprios da autoridade judicial; 5. Limitações constitucionais; 6. Inafastabilidade do Poder Judiciário; 7. Limite da jurisdição, separação dos Poderes e CPI; 8. Conclusões.

1. Introdução

Vivemos tempo de descrédito na política e nos políticos. São freqüentes, nos noticiários, denúncias de corrupção, de má gestão do dinheiro público, de desvios de verbas que seriam essenciais para a melhoria de setores fundamentais, como saúde e educação.

Muito importante para o controle da administração pública é a existência de três Poderes independentes e harmônicos entre si, um controlando o outro, por meio de um mecanismo de *checks and balances*.[1]

Nesse sentido, o Poder Legislativo possui relevante papel, não apenas em sua função de legislar, mas também na de fiscalizar.[2] Exerce o Parla-

---

[1] MIRANDA, Jorge. Sobre as Comissões Parlamentares de Inquérito em Portugal. *Revista de Direito Constitucional e Internacional*, nº 33, 2000, p. 63: "Expressão imediata de um *pouvoir d'empêcher* cu de um mecanismo de *checks and balances*, não põem em causa a regra da separação de poderes. Com os inquéritos, a Assembleia não se sub-roga na prática de actos do Governo ou de qualquer outro órgão: exteriores a esses actos, eles ou se esgotam em si mesmos ou são instrumentais em face de cutras competências da Assembleia, como a legislativa ou a de votação de moções de censura ao Governo".

[2] BARACHO, José Alfredo de Oliveira. *Teoria Geral das Comissões Parlamentares: Comissões Parlamentares de Inquérito*, 2ª ed. Rio de Janeiro: Forense, 2001, p. 3: "A faculdade de investigação

mento um controle político-administrativo, podendo averiguar os atos do Poder Executivo, analisando a gestão da coisa pública.[3]

Evidencia-se, pois, a crescente e inerente função fiscalizadora do Poder Legislativo,[4] cada vez mais presente nas atividades parlamentares, mormente em razão do quase monopólio de competência do Poder Executivo na propositura de projetos de lei.[5]

Para instrumentalizar tal controle, a Constituição Federal prevê a criação de Comissões Parlamentares de Inquérito (CPI),[6] que terão poderes próprios das autoridades judiciais, além de outros previstos nos regimentos das respectivas casas, e serão criadas pela Câmara dos Deputados e pelo Senado Federal, em conjunto ou separadamente, mediante requerimento de um terço de seus membros, para apuração de fato determinado e por prazo certo, sendo suas conclusões, se for o caso, encaminhadas ao Ministério Público, para que promova a responsabilidade civil ou criminal dos infratores, consoante disposto no art. 58, § 3º, da CF.

As CPIs são verdadeiros mecanismos de controle da máquina estatal, onde o parlamento atua decisivamente, investigando e fiscalizando atividades que envolvam o Poder Público, buscando a transparência e a moralidade administrativa, em defesa da coletividade.

---

das Câmaras que formam o Legislativo é um privilégio ou prerrogativa essencial para que este órgão cumpra eficazmente suas funções (...) A investigação parlamentar é toda investigação ordenada pela Câmara, com o objetivo de obter elementos necessários para chegar-se a um certo fim. É um instrumento eficaz, através da qual a Câmara exerce sua função específica. Esta investigação não afeta o princípio da divisão dos poderes, desde que as Comissões de Investigação não exerçam funções distintas das correspondentes às Câmaras Legislativas".

[3] BARROSO, Luís Roberto. Comissões parlamentares de inquérito e suas competências: política, direito e devido processo legal. *Interesse Público*, nº 6, 2000, p. 59-60: "a atividade dos órgãos legislativos não se esgota na função de legislar. Desde suas origens, integram a substância da atuação do Parlamento funções de tríplice natureza: legislativa, por certo, mas também a representativa e a fiscalizadora. Aliás, com a crescente hegemonia do executivo no processo legislativo – pela iniciativa reservada, pela sanção e veto, e pela edição de atos com força de lei –, a ênfase da atuação do Legislativo tem recaído, efetivamente, na fiscalização, isto é, na investigação e no controle dos atos do Poder Público".

[4] Hely Lopes Meirelles, em seu estudo sobre comissão parlamentar de inquérito, *in Estudos e Pareceres de Direito Público*. São Paulo: Revista dos Tribunais, 1991, v. 11, afirma, às p. 367-368, que as atribuições do Poder Legislativo não são só de fazer leis, mas também investigar a ocorrência de fato determinado e de interesse público. *Justificam-se essas investigações para transparecer uma das atribuições precípuas do Poder Legislativo: fiscalizar as atividades dos administradores ou de tantos quantos gravitam em torno do interesse público.*

[5] Sobre o poder de investigar do Legislativo, ver BROSSARD, Paulo. Da obrigação de depor perante Comissões Parlamentares de Inquérito criadas por Assembléia Legislativa. *Revista de Informação Legislativa*, nº 69, 1981, p. 15-48. Neste artigo, Paulo Brossard colaciona numerosa e qualificada doutrina a referir não ser a atribuição de fazer lei a só atividade do Poder Legislativo.

[6] A origem das Comissões Parlamentares de Inquérito remonta ao séc. XIV, em que se permitiu ao Parlamento inglês o controle da gestão pública do soberano, durante os reinados de Eduardo II e Eduardo III, conforme leciona Fernando Santaolla, em sua obra *El Parlamento y sus Instrumentos de Información*. Madri: Edersa, 1982.

Cumpre referir que as CPIs podem ser criadas em nível estadual, pelas Assembléias Legislativas, bem como em nível municipal, pelas Câmaras de Vereadores. Até mesmo porque, em razão do pacto federativo, os estados-membros, o Distrito Federal e os municípios têm sua autonomia, razão pela qual o Poder Legislativo de cada um desses entes públicos será o responsável pela fiscalização de sua esfera administrativa.

Nesse sentido, as normas aplicáveis às Comissões de Inquérito no Congresso Nacional devem-se entender extensíveis ao Poder Legislativo estadual e municipal.

2. Requisitos

Analisando o dispositivo constitucional que prevê a criação das Comissões Parlamentares de Inquérito, percebe-se que lhe são conferidos poderes próprios da autoridade judicial, desde que preenchidos determinados requisitos.

Assim, para se instaurar uma CPI, deve haver interesse público, requerimento de pelo menos um terço dos membros do parlamento, fato determinado, e prazo certo.[7]

2.1. Fato determinado

Conforme salienta Francisco Campos, *o poder de investigar não é genérico ou indefinido, mas eminentemente específico, ou há de ter um conteúdo concreto, suscetível de ser antecipadamente avaliado na sua extensão, compreensão e alcance pelas pessoas convocadas a colaborar com as comissões de inquérito.*[8]

A necessidade da criação de comissões com objeto específico não impede a apuração de fatos conexos ao principal, ou ainda, de outros fatos, inicialmente desconhecidos,[9] que surgirem durante a investigação, bastan-

---

[7] BARROSO, *op. cit.*, p. 61: Os requisitos estabelecidos para as Comissões Parlamentares de Inquérito constituem verdadeiros limites à sua atuação, sendo seus poderes *amplos, mas não irrestritos. Em primeiro lugar, há requisitos de forma (requerimento de um terço dos mebros da Casa Legislativa), de tempo (há de ser pro prazo certo) e de substância (apuração de fato determinado).*

[8] Comissão parlamentar de Inquérito – poderes do Congresso – direitos e garantias individuais – exibição de papéis privados. *Revista Forense*, nº 195, 1961, p. 86.

[9] CASTRO, José Nilo de. *A CPI Municipal*, 3ª ed. rev. e ampl. Belo Horizonte: Del Rey, 2000, p. 110: "Não se deve confundir fatos determinados, que conseqüentemente se encadeiam ou se seriam a outros, com fatos novos. Aqueles fatos resultantes de encadeamento ou de seriação – inicialmente não previstos – admitem aditamento aos objetivos da CPI. Os novos não, pois não têm pertinência aos objetivos da investigação parlamentar instituída".

do, para que isso ocorra, que haja um aditamento do objeto inicial da CPI.[10]

É certo que a Comissão Parlamentar de Inquérito investigará fato(s) determinado(s), tendo em vista uma *necessidade funcional, a comissão parlamentar de inquérito não tem poderes universais, mas limitados a fatos determinados, o que não quer dizer não possa haver tantas comissões quantas necessárias para realizar as investigações recomendáveis, e que outros fatos, inicialmente imprevistos, não possam ser aditados aos objetivos da comissão de inquérito, já em ação. O poder de investigar não é um fim em si mesmo, mas um poder instrumental ou ancilar, relacionado com as atribuições do Poder Legislativo.*[11]

Exigência inelimin ável do requerimento de inquérito é a da determinação do objecto – a doutrina alemã alude a esse respeito à exigência da determinabilidade (bestimmtheitsgebot) –, *pois um requerimento ou proposta que não indique os fundamentos e delimite o seu âmbito deve ser liminarmente rejeitado pelo presidente da AR.*[12]

As Comissões Parlamentares de Inquérito não podem se transformar em Comissão Geral de Investigação,[13] até mesmo para que não se torne inviável o contraditório e a ampla defesa por parte de eventuais indiciados, que não saberiam afinal qual o fato desencadeador da acusação e investigação.

2.2. *Prazo certo*

Quando da instauração de uma CPI, deve-se estabelecer um prazo para o cumprimento de suas atividades e apresentação do relatório. Não se pode permitir que ditas comissões temporárias acabem por se perpetuar no tempo, tornando-se permanentes.

Entretanto, a locução *prazo certo* não impede prorrogações sucessivas dentro da mesma legislatura, nos termos da Lei 1.579/52. Observe-se, porém, que o termo final da CPI será o término da legislatura.[14]

---

[10] MORAES, Alexandre de. Limitações constitucionais às Comissões Parlamentares de Inquérito. *Revista de Direito Constitucional e Internacional*, nº 44, 2003, p. 153.

[11] STF – HC 71.039-RJ – Min. Paulo Brossard – j. 07.04.94.

[12] CANOTILHO, J. J. Gomes. *Direito Constitucional*, 5ª ed., totalmente refundida e aumentada. Coimbra: Almedina, 1991, p. 752.

[13] CLÈVE, Clèmerson Merlin. Comissão Parlamentar de Inquérito. *Genesis: Revista de Direito Administrativo Aplicado*, nº 4, 1995, p. 72.

[14] Conforme disposto no Regimento Interno do Senado Federal, em seu art. 76, § 4º, *em qualquer hipótese, o prazo da comissão parlamentar de inquérito não poderá ultrapassar o período da legislatura em que foi criada.*

2.3. Um terço dos membros da casa legislativa

Estabelece a Constituição Federal, em seu art. 58, § 3º, que a CPI, para ser instaurada, deve ser requerida por um terço dos parlamentares. Como se percebe, não há necessidade de aprovação do plenário, bastando o requerimento de um terço dos congressistas.[15]

A criação da CPI é automática, conforme dispositivo constitucional, a requerimento de um terço dos membros do parlamento. Trata-se de verdadeiro apanágio da democracia, em que se assegura o direito da minoria nos parlamentos.[16]

Suficiente para se ter uma CPI é o requerimento de um terço dos membros do parlamento – em sendo cumpridos os demais requisitos do interesse público, fato determinado e prazo certo – não ficando ao alvedrio da maioria criá-la, nem do Presidente da Casa Legislativa baixar o ato de nomeação dos parlamentares que irão integrá-la.[17]

2.4. Interesse público

A atuação da comissão há de restringir-se à esfera de estrito interesse público, embora, no direito pátrio, tal exigência seja implícita e não expressa.[18]

Há um limite à CPI, quando se fala em investigação de assuntos eminentemente privados, sem qualquer interesse com a gestão pública, mas apenas com o intuito de expor o investigando, afetar sua vida privada, devassar sua intimidade.

Conforme salienta Jorge Miranda, acerca da CPI em Portugal, o interesse público deve ser relevante, a fim de que não se banalize esse instrumento, ou desvie-se a finalidade.[19]

---

[15] Nesse sentido, CLÈVE, Clèmerson Merlin, *op. cit.*, p. 71.

[16] CANOTILHO, J. J. Gomes; MOREIRA, Vital. *Constituição da República Portuguesa Anotada*, 3ª ed. rev. Coimbra: Coimbra Editora, 1993, p. 719-720: "as comissões parlamentares de inquérito são necessariamente constituídas sempre que tal seja requerido por um certo número de deputados. Trata-se, assim, de um verdadeiro poder potestativo, que torna a constituição das comissões de inquérito independente do controlo da maioria parlamentar e dá aos deputados dos partidos de oposição o poder de desencadear um número mínimo de inquéritos parlamentares. Não se afigura, por isso, compatível com o regime constitucional sujeitar o requerimento de propostas de inquérito a deliberação parlamentar".

[17] CASTRO, José Nilo de, *op. cit.*, p. 38-39: "A Constituição assegura à minoria – e é o único momento na vida parlamentar que a minoria tem voto e vez –, o privilégio de requerer a criação da CPI. Ademais, seria desastroso para a democracia subordinar a criação da CPI à deliberação da maioria, pois o mais das vezes, tal fato tornaria impraticável a instituição desse eficiente controle. Subordiná-la ao voto da maioria é o mesmo que negá-la, como prerrogativa da minoria".

[18] BARROSO, *op. cit.*, p. 63.

[19] *Op. cit.*, p. 65.

Além de relevante, deve o interesse público possuir uma utilidade atual, não que se proíba tratar de fatos antigos ou verificados no tempo do governo anterior, mas, para tal, deve haver uma utilidade atual.[20]

Assim, necessário o envolvimento de algum ente estatal, sobre o qual o Poder Legislativo exerça fiscalização ou controle.[21] Necessário, pois, para a instauração de uma Comissão de Inquérito, que haja interesse público, interesse que deve ser relevante e atual, sob pena de banalizar este instituto tão importante para a fiscalização da gestão pública e trazer ainda mais descrédito acerca da atividade parlamentar.[22]

3. Proporcionalidade dos membros

Deve-se procurar respeitar a proporcionalidade dos partidos, das matizes ideológicas, para compor a CPI, conforme regra insculpida no art. 58, § 1º, da CF.

Tal proporcionalidade não pode ser vista como obrigatória, eis por que *há partidos que se empenham na investigação, outros que a rejeitam tenazmente. Se todos os partidos houvessem de se representar, obrigatoriamente, na Comissão, jamais se poderia investigar, pois à Situação não interessa o exame de seus eventuais desmandos.*[23]

A Constituição quis prestigiar a proporcionalidade enquanto princípio que repele exclusões, eliminações, supressões, cerceios de participações políticas no Parlamento, tendo em vista o número de partidos e a representatividade de cada um deles. Daí se exigir que as CPIs sejam formadas pelas diversas correntes de opinião do parlamento, sem quaisquer exclusões.[24]

4. Poderes próprios da autoridade judicial

A Constituição Federal, ao dispor que as Comissões Parlamentares de Inquérito terão poderes de investigação próprios das autoridades judi-

---

[20] BARROSO, *op. cit.*, p. 65

[21] Idem, p. 67.

[22] FURLANI, Silvio. *Le Comissioni Parlamentari d'Inchiesta*. Milano: Giuffrè, 1954, p. 138: "l'abuso dell'inchiesta parlamentare potrebbe, in tali casi, portare a nulla altro che al più profondo discredito di questo istituto che è l'indice massimo della serietà della funzione legislativa ed ispettiva nel regime parlamentare".

[23] TJRS – 4ª Câmara Cível – Apelação Cível 70002434215 – Rel. Des. Araken de Assis – j. 30/05/2001.·

[24] BULOS, Uadi Lammêgo. *Comissão Parlamentar de Inquérito: técnica e prática*. São Paulo: Saraiva, 2001, p. 241.

ciais, foi extremamente lacônica, visto não existir, no Brasil, em regra, o Juiz-Investigador.[25]

Alexandre de Moraes entende por poderes de investigação próprios das autoridades judiciais aqueles que os magistrados possuem durante a instrução processual penal, relacionados à dilação probatória, em busca da verdade material.[26] Para Luís Roberto Barroso, o sentido da expressão é de criar para a CPI o direito, ou melhor, o poder, de atribuir às suas determinações o caráter de imperatividade. Suas intimações e requisições devem ser cumpridas, ensejando o acionamento de meios coercitivos em caso de descumprimento.[27]

As CPIs, terão, em regra, os mesmos poderes instrutórios que os magistrados possuem durante a instrução processual penal,[28] mas deverão ser exercidos dentro dos mesmos limites constitucionais impostos ao Poder Judiciário,[29] seja em relação aos direitos fundamentais, à necessária fundamentação e publicidade, bem como à necessidade de resguardo de informações sigilosas, impedindo que as investigações sejam realizadas com a finalidade de perseguição política, ou de aumentar o prestígio pessoal dos investigadores, em detrimento dos investigados, humilhando-os e devassando, desnecessária e arbitrariamente, suas vidas privadas e intimidade.[30]

Conforme ressalta Paulo Brossard, *sempre se considerou que no poder de criar comissões de inquérito estão contidos todos os necessários*

---

[25] MORAES, Alexandre de. *Direito Constitucional*, 12ª ed. São Paulo: Atlas, 2002, p. 383.

[26] MORAES, Alexandre de. *Limitações constitucionais, op. cit.*, p. 154.

[27] BARROSO, Luís Roberto. *Temas de Direito Constitucional*. RJ/SP: Renovar, 2001, p. 115: "O que se pretendeu com a inovação foi dar caráter obrigatório às determinações da comissão, ensejando providências como a condução coercitiva em caso de não-comparecimento e impondo às testemunhas o dever de dizer a verdade. Mesmo nestas duas hipóteses, contudo, o que se instituiu foi o poder da comissão e o dever do particular () Em síntese, o sentido da expressão 'poderes de investigação de autoridades judiciais' é o de criar para a Comissão Parlamentar de Inquérito o direito – ou antes, o poder – de atribuir às suas determinações o caráter de imperatividade. Suas intimações, requisições e outros atos pertinentes à investigação devem ser cumpridos e, em caso de violação, ensejam o acionamento de meios coercitivos".

[28] Dentre os poderes da Comissão parlamentar de Inquérito, Luís Roberto Barroso enfatiza a possibilidade de determinação de diligências, convocação de testemunhas, oitiva de indiciados, requisição de documentos públicos, determinação da exibição de documentos privados, convocação de autoridades públicas e realização de inspeções pessoais. *Temas de Direito Constitucional*. RJ/SP: Renovar, 2001, p. 133.

[29] MIRANDA, Jorge, *op. cit.*, p. 67: "a atribuição às comissões parlamentares de inquérito dos poderes investigatórios correspondentes aos das autoridades judiciais envolve, pois, a adstrição a exigências semelhantes àquelas a que ficam vinculadas estas autoridades. A regra da publicidade e o direito dos cidadãos à informação acerca da gestão dos assuntos públicos não são absolutos: há outros valores na ordem jurídica com que têm de ser ponderados e harmonizados".

[30] MORAES, Alexandre de. Limitações constitucionais, *op. cit.*, p. 154.

Lições de Direito Administrativo
estudos em homenagem a Octavio Germano

ao regular funcionamento delas, segundo a regra de quem quer os fins confere os meios hábeis à sua persecução.[31]

Não haveria razão para a instauração de CPI, caso não houvesse a imperatividade de suas decisões e a capacidade de demover a recalcitrância de testemunhas.

O próprio parlamento deve possuir meios hábeis para o cumprimento de suas decisões, aplicando-se a imperatividade e a autotutela dos atos administrativos. Portanto, os poderes conferidos às Comissões de Inquérito devem permitir que o Poder Legislativo faça cumprir suas decisões, devendo recorrer ao Poder Judiciário subsidiariamente, onde houver reserva jurisdicional.[32]

5. Limitações constitucionais

A amplitude de seu campo de atuação sofre a inicial limitação do âmbito da competência do poder do Parlamento,[33] tendo em vista ser a CPI uma Comissão do Poder Legislativo, sua competência não pode extrapolar a própria competência da casa legislativa.[34]

Carlos Maximiliano assevera que, *como o parlamento não pode confiar a uma entidade mais poderes do que ele tem, a competência das Comissões de Inquérito não abrange senão assuntos da esfera da ação e vigilância do Congresso.*[35]

O poder investigatório tem como fonte originária a Constituição, e só pode ser exercido sobre matérias compreendidas na jurisdição constitucional do Congresso, sendo assim, sua primeira e mais ampla limitação é a de que o poder de investigar não é um poder geral, indiscriminado e

---

[31] Da obrigação de depor perante Comissões Parlamentares de Inquérito criadas por Assembléia Legislativa. *Revista de Informação Legislativa*, nº 69, 1981, p. 19.

[32] Idem, p. 20: "Desde o *test-case* de 1880 (Kilbourn vs. Thompson) até os julgados mais recentes (United States vs. Josephson, 1947, e United States vs. Lawson and Trumbo, 1950), é cânone da jurisprudência constitucional norte-americana que a intimação (subpoena) e a punição por desacato (*punishment for contempt*) são, originariamente, atribuições do Congresso, e, quando por motivos de conveniência, deferidas à justiça penal, são consideradas a título meramente suplementar da ação direta privativa da entidade coletiva congressual".

[33] COMPARATO, Fábio Konder. Comissões Parlamentares de Inquérito – limites. *Revista Trimestral de Direito Público*, nº 5, 1994, p. 70: "a atividade fiscal ou investigatória das comissões de inquérito há de desenvolver-se no estrito âmbito da competência do órgão dentro do qual elas são criadas".

[34] BARROSO, Luís Roberto. Comissões parlamentares de inquérito e suas competências: política, direito e devido processo legal. *Interesse Público*, nº 6, 2000, p. 61: "as CPI's devem comportar-se no quadro de atribuições do legislativo. A competência do Congresso, da Assembléia Legislativa e da Câmara Municipal é o limite do poder investigatório da comissão federal, estadual ou municipal".

[35] *Comentários à Constituição*, II, 1948, p. 80.

autônomo, mas um poder auxiliar ou ancilar da função legislativa do Congresso.[36] O limite da função de legislar é o limite da função de investigar, limite material da investigação legislativa.[37]

Entretanto, como afirma J. J. Gomes Canotilho, *não é fácil precisar o âmbito das comissões de inquérito. A regra é a de que o direito de inquérito existe em relação a assuntos para os quais o parlamento é competente, mas não para questões que são de exclusiva competência de outro órgão de soberania. Mas esta teoria –* Korollar-Theorie *lhe chama a doutrina alemã – que limita as comissões de inquérito ao âmbito da competência do Parlamento, não é fácil de precisar, porque se ela pretende manter válido, também neste campo, o princípio da separação e interdependência dos órgãos de soberania, há casos em que o princípio sofre entorses na própria Constituição.*[38]

Não existe autoridade geral das CPIs para exposição dos negócios privados dos indivíduos, expondo indiscriminadamente a vida privada de testemunhas, levando a público documentos confidenciais irrelevantes ao Poder Público.[39] Deve haver nexo causal com a gestão da coisa pública.

Não se pode pressupor que todo o inquérito parlamentar seja justificado por uma necessidade pública que sobrepassa os direitos privados atingidos. A Constituição determina ao Judiciário que garanta que o Parlamento não invada, injustificadamente, a esfera privada,[40] o direito à própria intimidade dos indivíduos, nem restrinja suas liberdades e direitos fundamentais. Deve haver uma necessidade pública específica.[41]

---

[36] CAMPOS, Francisco.*op. cit.*, p. 83.

[37] DIREITO, Carlos Alberto Menezes. Comissão parlamentar de Inquérito: limites. "Revista da Faculdade de Direito da UERJ, nº 2, 1994, p. 151: a investigação parlamentar concretamente, está vinculada ao poder de legislar e de controlar do Congresso. Há, portanto, uma esfera própria para a comissão parlamentar de inquérito, ou seja, uma limitação material, assim a competência do Congresso sobre o objeto da investigação".

[38] *Direito Constitucional*, 5ª ed., totalmente refundida e aumentada. Coimbra: Almedina, 1991, p. 752.

[39] CAMPOS, Francisco, *op. cit.*, p. 89: "não pode transformar-se em devassa ou exame indiscriminado de testemunhas e documentos sôbre fatos indeterminados, tendências, opiniões e ideologias, como se as Câmaras legislativas pudessem instituir as normas canônicas ou ortodoxas a cuja observância os indivíduos estivessem obrigados a conformar os seus juízos de estimação, as suas apreciações, os seus sentimentos ou a sua filosofia política em relação com que o Congresso considerasse como sendo a adequada consideração do interêsse público e conforme ao 'sentimento são' da maioria do povo ou da manifesta opinião da sua liderança".

[40] TRIBE, Laurence H., *op. cit.*, *American Constitutional Law*, second edition. New York: The Foundation Press, 1988, p. 377: "Congress may not investigate private activity for the sole purpose of publicizing that activity".

[41] ROSAS, Roberto, *op. cit.*, p. 60: "As comissões parlamentares de inquérito têm notável influência na vida política de um país. No Brasil elas agem com um espírito público elevado e consentâneo com suas finalidades. No entanto, é necessário não se permitir o extravasamento de suas funções, o abuso do poder inerente às comissões de inquérito".

O Congresso não deve usar dos seus poderes com a finalidade de expor os indivíduos a infundadas suspeitas e imputações injuriosas, nem transpor os limites da esfera constitucional reservada à intimidade, aos juízos de valor de livre formulação de cada um.[42]

Não se pode tolerar a pura e simples perseguição política,[43] suscetível de ocorrência em sede parlamentar, tendo em vista as divergências ideológicas e as mesquinharias pessoais, mormente em localidades pequenas e de difícil acesso.

Faz-se necessária moderação no ato de investigação pelo Parlamento, de maneira a criar, em atmosfera tão propícia a tensões emocionais, o espírito de confiança e de lealdade. Deve haver cuidados com a influência das emoções e das ideologias políticas.[44]

Conforme afirma Luís Roberto Barroso, *ultrapassaria com exagero os limites da razoabilidade a suposição de que uma CPI – instância política, sujeita a paixões e excessos – pudesse livremente dispor da privacidade das pessoas.*[45]

Também limita-se o poder da CPI em relação à auto-incriminação.[46] A ninguém deve ser imposto o testemunho contra si próprio, nem a fornecer à autoridade que o incrimina os documentos que possam levar a sua condenação. Trata-se de princípio universalmente conhecido, consagrado na quinta emenda americana, em que ninguém pode ser obrigado a servir de testemunha contra si mesmo (*no person shall be compelled in any criminal case to be a witness against himself*).[47] Nesse sentido, é deferido o direito ao silêncio, manifestação mais eloqüente da garantia constitucional contra a auto-incriminação.[48]

As CPIs jamais terão os mesmos poderes cautelares que possuem as autoridades judiciais, por carecerem de competência jurisdicional, não havendo interesse do parlamento em praticar atos acautelatórios de uma sentença que não poderá prolatar.[49]

---

[42] CAMPOS, Francisco, *op. cit.*, p. 90.

[43] Conforme expressa Laurence Tribe, na sua clássica *American Constitutional Law*, p. 375 *the investigatory power of Congress may be both greatly used and greatly abused.*

[44] ROSAS, Roberto, *op. cit.*, p. 58: *por vezes a constiuição delas* (CPI's) *deve-se a um capricho ou perseguição política.*

[45] Comissões Parlamentares de Inquérito – limite de sua competência – sentido da expressão constitucional "poderes de investigação próprios das autoridades judiciais" – inadmissibilidade de busca e apreensão sem mandado judicial. *Revista Forense*, nº 335, p. 173.

[46] TRIBE, Laurence, *op. cit.*, p. 377: "Because the Bill of Rights limits lawmaking as well as legislation, congressional investigators must respect the fifth amendment privilege against self-incrimination".

[47] CAMPOS, Francisco, *op. cit.*, p. 93.

[48] STF – HC 79.244/DF (medida liminar) – Rel. Min. Sepúlveda Pertence – DJU de 24.03.2000.

[49] STF – MS 23.466-1/DF (medida liminar) – Rel. Min. Sepúlveda Pertence – DJU de 22.06.1999: "Não se destinando a proferir julgamento, mas apenas a reunir informações úteis ao exercício das funções do Congresso Nacional, a CPI é despida do poder de acautelar a sentença que não lhe caberá proferir".

Dentre os limites, salientando a importância da análise do caso concreto, do casuísmo, podemos mencionar o de decretar quaisquer hipóteses de prisão – salvo em flagrante delito, que qualquer do povo pode –,[50] determinar a aplicação de medidas cautelares – tais como indisponibilidade de bens, arrestos, seqüestros[51] –, proibir ou restringir a assistência jurídica dos investigados.[52]

Além dessas limitações, há a denominada *cláusula de reserva jurisdicional*, cuja competência é exclusiva do Poder Judiciário para a prática de determinados atos, como a violação domiciliar durante o dia, que se deve dar por mandado judicial.

O postulado da *reserva constitucional da jurisdição* importa submeter, à esfera única de decisão dos magistrados, a prática de determinados atos cuja realização, por efeito de verdadeira discriminação material de competência jurisdicional fixado no texto da Carta Política, somente pode emanar do juiz, e não de terceiros, mesmo a quem tenham sido atribuídos os *poderes de investigação próprios das autoridades judiciais*.[53]

Os poderes das comissões de inquérito têm um limite naqueles direitos fundamentais dos cidadãos que, mesmo em investigação criminal, não podem ser afetados senão por decisão de um juiz.[54]

Esse é o entendimento de J. J. Gomes Canotilho, para quem as comissões de inquérito não podem incidir sobre a esfera privada do cidadão, valendo a proteção dos direitos fundamentais constitucionalmente consagrada perante os inquéritos parlamentares.[55]

Em síntese, as comissões parlamentares de inquérito devem cingir-se à esfera de competências do Congresso Nacional, sem invadir atribuições dos outros Poderes, não podendo legitimamente imiscuir-se em fatos da vida privada nem se investir na função de polícia ou investigador criminal.[56]

---

[50] STF – HC 71.039 RJ – Rel. Min. Paulo Brossard – j. 07.04.94.

[51] STF – MS 23.466-1/DF (medida liminar) – Rel. Min. Sepúlveda Pertence – DJU de 22.06.1999.

[52] Existem inúmeros arestos a evidenciar a impossibilidade do cerceamento da atuação do advogado que, portanto, poderá acompanhar seu cliente durante depoimento à CPI. Nesse sentido, STF – MSPR 23.576/DF – Rel. Min. Celso de Mello – DJU de 03.02.2000.

[53] MORAES, Alexandre de. *Limitações constitucionais, op. cit.*, p. 159.

[54] CANOTILHO, J. J. Gomes; MOREIRA, Vital. *Constituição da República Portuguesa Anotada*, 3ª ed. rev. Coimbra: Coimbra Editora, 1993, p. 720.

[55] *Direito Constitucional*, 5ª ed., totalmente refundida e aumentada. Coimbra: Almedina, 1991, p. 752.

[56] BARROSO, Luís Roberto. Comissões parlamentares de inquérito e suas competências: política, direito e devido processo legal. *Interesse Público*, nº 6, 2000, p. 64.

6. Inafastabilidade do Poder Judiciário

Prevê a nossa Constituição Federal, em seu art. 5º, XXXV, o princípio da inafastabilidade do poder Judiciário, dispondo que *a lei não excluirá da apreciação do Poder Judiciário lesão ou ameaça a direito*. Assiste, pois, ao Poder Judiciário, não apenas o direito de proferir a última palavra, mas, sobretudo, a prerrogativa de dizer, desde logo, a primeira palavra, excluindo-se, desse modo, por força e autoridade do que dispõe a própria Constituição, a possibilidade do exercício de iguais atribuições, por parte de quaisquer outros órgãos ou autoridade do Estado.[57]

Eventuais abusos ou ilegalidades praticadas pelas CPIs deverão ser controlados pelo Poder Judiciário, a fim de evitar-se o abuso de poder.[58]

A conduta das CPIs deve, portanto, equilibrar os interesses investigatórios, certamente de grande interesse público, com as garantias constitucionalmente consagradas, preservando a segurança jurídica e utilizando-se dos meios jurídicos mais razoáveis e práticos em busca de resultados satisfatórios garantindo a plena efetividade da justiça, sob pena de desviar-se de sua finalidade constitucional.[59]

Impõe-se o reconhecimento de que os poderes das CPIs, por não serem absolutos, sofrem as restrições impostas pela Constituição Federal, sendo limitados pelos direitos fundamentais do cidadão, que somente poderão ser afetados nas hipóteses e na forma que a Constituição estabelecer.

Aliás, o controle jurisdicional dos atos do demais poderes é traço característico do Estado de Direito, tendo em vista imperar o regime da legalidade.

Em cumprimento de sua indelegável função, o Poder Judiciário fica autorizado a aferir e penetrar na essência da construção do ato emanado pelos demais Poderes, para verificar se é o mesmo moral, legal, impessoal, eficiente, e se cumpre o requisito da publicidade.[60]

O Supremo Tribunal Federal, autorizado pela Constituição Federal, pode coibir, como vem coibindo, abuso ou excesso de poder por parte dos demais Poderes. Esta interferência, legalmente autorizada, não invade a

---

[57] STF – MS 23.452-1/RJ.

[58] CAMPOS, Francisco, *op. cit.*, p. 82: "instituíram (os homens) no Poder Judiciário uma instância em cuja extensão jurisdicional incidiriam os atos de govêrno, ainda os de caráter formalmente legislativo e se dotavam aquelas liberdades de medidas eficazes contra o abuso dos dois Podêres, de cuja amplitude de atribuições e métodos e processos de ação, insuscetíveis de serem rigorosamente precisados, era de esperar fôssem mais freqüentes os abusos, desvios ou, ainda que não maliciosos, os equívocos quanto à latitude das suas funções e ao modo constitucionalmente correto de exercê-las".

[59] MORAES, Alexandre de. *Limitações constitucionais*, *op. cit.*, p. 161.

[60] MATTOS, Mauro Roberto Gomes de. O controle dos Poderes Executivo e Legislativo pelo Supremo Tribunal Federal. *Adv Advocacia Dinâmica: Seleções Jurídicas*, 2003, p 39.

regra da independência dos Poderes, em razão de o Judiciário ser o responsável pelo acompanhamento da correta execução das normas constitucionais voltadas ao Poder Público.[61]

Não pode o Judiciário deixar de prestar jurisdição para assegurar direitos previstos na Constituição, que sejam violados ou ameaçados de violação por ato de autoridade praticado com ilegalidade ou abuso de poder,[62] até mesmo para preservar o princípio constitucional da separação de Poderes.[63]

7. Limite da jurisdição, separação dos Poderes e CPI

Tendo em vista a competência do Poder Legislativo para a instauração das Comissões Parlamentares de Inquérito, de imediato percebe-se a possibilidade de violação do princípio da independência dos Poderes, quando do controle de seus atos pelo Poder Judiciário

No entanto, o princípio da inafastabilidade da jurisdição traz o permissivo do controle jurisdicional de atos da CPI que tragam algum vício de legalidade, ou que extrapolem seus limites.

Mas os Tribunais devem ser prudentes na interferência em questões internas de outro Poder, preservando, assim, o princípio constitucional da separação dos Poderes, minimizando eventuais tensões entre Poderes, e buscando equilíbrio na definição dos espaços político-institucionais de cada um.

Impõe-se ao Judiciário um limite político, pautado pela prudência, de não se imiscuir em assuntos de competência interna de outro Poder, não adentrando no mérito político da atividade do Poder Legislativo.

A bem da verdade, o noticiário político tem-nos sido pródigo em apresentar casos de ingerência do Poder Judiciário nos atos das CPIs, especialmente para dispensar impetrantes de Mandado de Segurança de prestar depoimento.

Há casos em que, realmente, a convocação é indevida, e busca-se tão-somente a exposição de pessoas sem qualquer envolvimento público à

---

[61] Idem, p. 40.

[62] REALE, Miguel. A CPI e o Poder Judiciário. *Consulex: Revista Jurídica*, n° 11, 1997, p. 25: "o poder atribuído às comissões parlamentares de inquérito é de natureza fundamentalmente jurídico-política, e como tal deve ser apreciada a questão pelo Poder Judiciário, cuja competência (vale a pena assinalar) para impedir qualquer lesão ou ameaça a direito por parte do Executivo ou do Legislativo está for a de dúvida, ante o estatuído no inc. XXXXV do art. 5° da Constituição, sem que isso implique qualquer ofensa às respectivas prerrogativas soberanas".

[63] DIREITO, Carlos Alberto Menezes, *op. cit.*, p.153-154.

situação vexatória, à devassa de sua intimidade. Entretanto, casos há em que liminares são concedidas a fim de evitar o depoimento de pessoas envolvidas com o Poder Público, e, muitas vezes, suspeitas de prática de atos de corrupção. Neste último caso, evitar que o envolvido preste depoimento representaria um autêntico cerceamento da atividade fiscalizadora do Poder Legislativo sobre negócios que digam respeito à gestão pública.

Todavia, não pode o Poder Judiciário deixar de prestar a jurisdição para assegurar direitos previstos na CF, que sejam violados ou ameaçados de violação por ato de autoridade praticado com ilegalidade ou abuso do poder.

O Poder Parlamentar não vai ao infinito, não é detentor das rédeas do absoluto, mas se delimita às atividades que lhe são inerentes – legislar e fiscalizar os atos da Administração Pública, sem, no entanto, romper as balizas impostas pela Constituição. Se o extrapola sua ação se alça juridicamente comprometida e se submete à poda jurisdicional, por provocação de quem se acha legitimado a fazê-lo.[64]

Caso o Legislativo se alce além de sua competência, compete ao Judiciário a prestação jurisdicional, à qual não se pode negar, visando à preservação da legalidade.

Deve-se procurar um equilíbrio entre os Poderes estatais, evitando conflitos e desmandos, capazes de gerar perigosa instabilidade no seio de nossa sociedade.

Conforme aduzem J. J. Gomes Canotilho e Vital Moreira, *um sistema de governo composto por uma pluralidade de órgãos requer necessariamente que o relacionamento entre os vários centros do poder seja pautado por normas de* lealdade constitucional.[65]

8. Conclusões

O presente ensaio procurou trazer alguns breves apontamentos sobre as Comissões Parlamentares de Inquérito no direito pátrio.

---

[64] TJRJ – MS 179/94 – Órgão especial – Rel. Des. Ellis Figueira.

[65] *Os Poderes do Presidente da República*. Coimbra: Coimbra Editora, 1991, p. 71: "A lealdade constitucional compreende duas vertentes, uma positiva, outra negativa: a primeira consiste em que os diversos órgãos do poder devem cooperar na medida necessária para realizar os objectivos constitucionais e para permitir o funcionamento do sistema com o mínimo de atritos possível. A segunda determina que os titulares dos órgãos do poder devem respeitar-se mutuamente e renunciar a práticas de 'guerrilha institucional', de abuso de poder, de retaliação gratuita ou de desconsideração grosseira. Na verdade, nenhuma cooperação constitucional será possível, sem uma deontologia política, fundada no respeito das pessoas e das instituições e num apurado sentido da responsabilidade de Estado".

Muito embora o constante desvirtuamento das CPIs para atingir meros proveitos políticos, não há como negar sua utilidade no controle da gestão pública, na busca da moralidade administrativa.

Cada vez mais evidencia-se a necessidade de mecanismos capazes de minimizar eventuais ilegalidades praticadas na gestão da coisa pública, a fim de evitar que a nobre atividade política transforme-se em palco para a realização de práticas espúrias e negócios obscuros.

Há que se moralizar a política brasileira, seguindo-se exemplos de senhores do naipe do Dr. Octavio Germano, referência em termos de gestão pública e moralidade administrativa – tanto no Executivo como no Legislativo – a quem vai dedicado este artigo.

— 9 —

Breves notas sobre a boa-fé no Direito Administrativo

DANIEL USTÁRROZ

Advogado no Rio Grande do Sul, Professor da ULBRA/RS
Mestre em Direito pela UFRGS

Sumário: I. Introdução; 1. O agir constitucional da Administração Pública; 2. A boa-fé no Direito Privado e no Direito Administrativo; 3. O procedimento administrativo como meio efetivo de proteção às legítimas expectativas dos cidadãos; 4. Passado e futuro do Enunciado n° 473 da Súmula do STF; 5. Concretização jurisprudencial; 5.1. Aprovação em concurso público: Recurso Especial n° 6.518/RJ; 5.2. A doutrina dos atos próprios: Recurso Especial n° 141.879/SP; II. Conclusões.

I. Introdução

Observa-se na atualidade uma interessante transformação nas relações estabelecidas entre a Administração e os particulares, sendo possível afirmar que a idéia de sujeição dos administrados aos ideais da Administração cedeu posto a uma visão cooperativa, na qual ambas as partes são apontadas como co-responsáveis pela consecução dos fins públicos. Nesse passo, a visão tradicional do princípio da supremacia do interesse público frente ao do particular assume nova conotação, colorida pelo ideal de colaboração e harmonização dos diversos interesses envolvidos.[1]

---

[1] Concepção esta que reflete o espírito do preâmbulo da Constituição Federal: "nós, representantes do povo brasileiro, reunidos em Assembléia Nacional Constituinte para constituir um Estado Democrático, destinado a assegurar o exercício dos direitos sociais e individuais, a liberdade, a segurança, o bem-estar, o desenvolvimento, a igualdade e a justiça como valores supremos de uma sociedade fraterna, pluralista e sem preconceitos, fundada na harmonia social e comprometida, na ordem interna e internacional, com a solução pacífica das controvérsias, promulgamos, sob a proteção de Deus, a seguinte Constituição da República Federativa do Brasil".

Lições de Direito Administrativo
estudos em homenagem a Octavio Germano

Essa constatação finda por alterar os contornos da tradicional compreensão do princípio da segurança jurídica, antes intimamente identificada com a idéia de estrita legalidade, porém hoje aberta para a nova semântica constitucional. Conseqüência desse fenômeno é visualizada no agir da Administração, fundamentalmente vinculado aos princípios constitucionais e pautado pelo respeito às legítimas expectativas despertadas nos administrados através de seu presumido comportamento legítimo.

Dentro desse contexto, de democratização da atividade administrativa, merece destaque a figura do princípio da confiança legítima, cujos maleáveis contornos, próprios dos conceitos juridicamente indeterminados, podem contribuir decisivamente para a concretização do art. 37 da Constituição Federal, que estabelece os nortes para a atuação do Administrador.

Nesse sentido, o escopo do presente trabalho: analisar algumas características dessa visão cooperativa do fenômeno jurídico-administrativo, salientando-se a necessidade de se tutelar os efeitos decorrentes das relações travadas entre a Administração e os particulares. Ao fim, são apresentados julgados que, de uma forma ou outra, bem souberam concretizar essas novas aspirações do Estado de Direito.

1. O agir constitucional da Administração Pública

É regra histórica presente no direito administrativo a impossibilidade de a Administração, ao contrário dos particulares, agir sem autorização legal. Enquanto o cidadão comum teria a liberdade de atuar sempre que não houvesse uma norma proibitiva, a Administração somente poderia obrar nos estritos limites da previsão normativa, a fim de oferecer uma certa dose de previsibilidade aos atos estatais, evitando que aquele fosse surpreendido por atitudes impensadas dos agentes públicos que, de uma forma ou outra, surtissem efeitos em sua vida privada. O princípio da legalidade, dentro dessas balizas, realizaria o importante valor da segurança jurídica, o qual, radicado no preâmbulo da Constituição, pela relevância social que traduz, sempre merece tutela pelo império do Direito.[2]

---

[2] CELSO ANTÔNIO BANDEIRA DE MELLO destaca a segurança jurídica vez que ela repercute na própria natureza humana, salientando que o "Direito propõe-se a ensejar uma certa estabilidade, um mínimo de certeza na regência da vida social. Daí o chamado princípio da 'segurança jurídica', o qual, bem por isto, se não é o mais importante de todos os princípios gerais de Direito, é, indisputavelmente, um dos mais importantes entre eles. (...) Esta 'segurança jurídica' coincide com uma das mais profundas aspirações do Homem: o da segurança em si mesma, a da certeza possível em relação ao que o cerca, sendo esta uma busca permanente de todo ser humano. É a insopitável necessidade de poder assentar-se sobre algo reconhecido como estável, ou relativamente estável, o que permite vislumbrar com alguma previsibilidade o futuro; é ela, pois, que enseja projetar e iniciar, conseqüen-

Dessa forma, o ideal constitucional de segurança jurídica manifesta-se com relativa nitidez quando se trata de avaliar o comportamento da Administração dentro da esperada previsibilidade de seus atos. Uma previsibilidade, porém, que não se encerra no aspecto omissivo, mas que exige da Administração (e de todos os Poderes) comportamentos positivos regulados pelo Direito.[3]

A Administração, portanto, somente pode agir dentro do Direito e com expressa autorização dele. Neste tópico, desponta a valia do fenômeno jurídico e sua linguagem, pois ela irá determinar a margem de liberdade conferida à Administração. Uma liberdade que traduz inafastável margem discricionária, porém somente validamente exercitada dentro dos parâmetros do Direito Público. Com razão, para bem delimitar a margem de atuação legal da Administração, de todo conveniente a análise da estrutura semântica das normas reguladoras do agir administrativo.

Observa-se claramente que outrora, quiçá fruto do positivismo ainda incipiente, as normas legais caracterizavam-se mais pela textura cerrada, de regramento minucioso, com tendência à abstração. Daí o campo fértil para o desenvolvimento do princípio da adstrição do administrador à prévia autorização legal. Atualmente, contudo, surgem normas de diverso estilo, que não raro apresentam um norte ainda vago, a exigir do intérprete maior atuação no sentido de precisar seu alcance. Uma alteração textual que resulta do ideal de abertura do sistema, traduzindo uma aspiração de maleabilidade e de oxigenação às exigências da vida moderna.[4]

---

temente – e não aleatoriamente, ao mero sabor do acaso – comportamentos cujos frutos são esperáveis a médio e longo prazo. Dita previsibilidade é, portanto, o que condiciona a ação humana. Esta é a normalidade das coisas." (*Curso de Direito Administrativo*, p. 94. 12. ed. 2ª tiragem. São Paulo: Malheiros, 2000).

[3] GOMES CANOTILHO salienta: "a segurança e a proteção da confiança exigem, no fundo, (1) fiabilidade, clareza, racionalidade e transparência dos actos do poder; (2) de forma que em relação a eles c cidadão veja garantida a segurança nas suas disposições pessoais e nos efeitos jurídicos dos seus próprios actos. Deduz-se já que os postulados da segurança jurídica e da proteção da confiança são exigíveis perante qualquer acto de qualquer poder – legislativo, executivo e judicial. O princípio geral da segurança jurídica em sentido amplo (abrangendo, pois, a idéia de protecção da confiança) pode formular-se do seguinte modo: o indivíduo tem do direito poder de confiar em que aos seus actos ou às decisões públicas incidentes sobre os seus direitos, posições ou relações jurídicas alicerçados em normas jurídicas vigentes e válidas por esses actos jurídicos deixados pelas autoridades com base nessas normas se ligam os efeitos jurídicos previstos e prescritos no ordenamento jurídico. As refracções mais importantes do princípio da segurança jurídica são as seguinte: (1) relativamente a actos normativos – proibição de normas retroativas restritivas de direitos ou interesses juridicamente protegidos; (2) relativamente a actos jurisdicionais – inalterabilidade do caso julgado; (3) em relação a actos da administração – tendencial estabilidade dos casos decididos através de actos administrativos constitutivos de direitos." (*Direito Constitucional e Teoria da Constituição*, p. 256. 4. ed. Coimbra: Almedina, 2000.)

[4] Valorizando o papel desse estilo de normas, ANDREAS KRELL ressalta que "esses standards legais têm por função impor metas, resultados e fins para o próprio Estado, sem especificar os meios pelos

Essa nova visão, desenvolvida originalmente pelo direito privado, encontrou na revalorização dos princípios jurídicos e no emprego das cláusulas gerais um mecanismo eficaz de realização, de modo que paulatinamente foi incorporada por inúmeros ramos do Direito.[5]

No que toca ao administrativo, ressaltam-se os vetores impostos no art. 37 da Constituição Federal, que estabelecem mandamentos para o exercício do poder administrativo, impondo a obediência à legalidade, impessoalidade, moralidade, publicidade e eficiência.[6] Essa inicial amplitude dos conceitos empregados (e o risco daí derivado de que sejam entendidos como tábuas de salvação, aptos a fundamentar qualquer decisão tomada com o "sentimento pessoal de justiça" do magistrado), maximiza a responsabilidade do intérprete, a quem cabe sistematizá-los dogmaticamente.

De toda sorte, tais normas principiológicas reduzem significativamente o âmbito da discricionariedade da Administração. Se antes seu agir era vinculado à estrita legalidade (compreendida como relação lei-ato), ora sua análise deve passar por uma perspectiva globalizada entre ordenamento (e as diversas normas que o compõem) e o comportamento administrativo, ou seja, pela valorização de uma série de atos que somente podem ser entendidos a partir do conjunto, e não isoladamente. Não há como se considerar lícito ou ilícito um ato sem analisá-lo dentro do todo no qual se insere.[7]

Este ideal de sujeição da Administração ao Direito legou inúmeras teorias com o fito de oferecer uma resposta satisfatória aos anseios dos cidadãos. Uma das mais arrojadas é a que preza, em determinadas hipóteses, a redução da discricionariedade ao zero (*Ermessenreduzierung auf Null*), bem exposta pela pena talentosa de Andreas Krell: "quando circunstâncias

---

quais devem ser alcançados, concedendo ao Poder Executivo uma larga margem de discricionariedade. Para realizar essa abertura, muitas leis utilizam conceitos vagos e fluidos, que conferem à Administração um âmbito de responsabilidade própria para avaliação de questões técnicas, políticas, valorativas, a ponderação de interesses contraditórios ou a apreciação de evoluções futuras". (*Discricionariedade Administrativa e Proteção Ambiental* – O controle dos conceitos jurídicos indeterminados e a competência dos órgãos ambientais , p. 19. Porto Alegre: Livraria do Advogado, 2004).

[5] Entre nós, amplo estudo das cláusulas gerais, em perspectiva histórica com visão de futuro, é oferecido em *A Boa Fé no Direito Privado*, da professora JUDITH MARTINS-COSTA. São Paulo: RT, 2000.

[6] Reza o *caput* do art. 37 que "a Administração pública direta e indireta de qualquer dos Poderes da União, dos Estados, do Distrito Federal e dos Municípios obedecerá aos princípios de legalidade, impessoalidade, moralidade, publicidade e eficiência". Contudo, evidente que esses princípios constitucionais são complementados por outros, aplicáveis ao direito administrativo em geral, os quais se constituem em importante manancial teórico a guiar o caminho do intérprete: (a) legalidade; (b) proporcionalidade e razoabilidade; (c) finalidade; (d) controle jurisdicional dos atos administrativos; (e) impessoalidade; (f) eficiência; (g) publicidade; (h) moralidade, dentre tantos outros.

[7] Resume a professora ODETE MEDAUAR esse importante fenômeno: "o princípio da legalidade significa não mais a relação lei-ato administrativo, mas a dimensão global, ordenamento-Administração". (*O Direito Administrativo em evolução*, p. 148. 2. ed. São Paulo: RT, 2003)

normativas e fáticas do caso concreto eliminam a possibilidade de escolha entre diversas opções, tornando-se juridicamente viável somente uma única solução. Todas as demais possibilidades de decisão estariam viciadas, sendo a autoridade administrativa obrigada a tomar a decisão que resta (atrofia do poder discricionário). As circunstâncias de fato, a práxis administrativa, e, sobretudo, os direitos fundamentais, representam uma base para essa redução de discricionariedade".[8] Todavia, por mais rigoroso que seja o controle da discricionariedade, por certo sempre restará uma margem de liberdade concedida à Administração para resolver os problemas urgentes da sociedade, sem a qual seria impossível cumprir sua missão institucional. É que, como refere Andreas Krell, "o legislador sempre vai conceder um grau maior de discricionariedade onde as circunstâncias da realidade, que deve ser regulamentada, dificilmente são previsíveis, e o alcance de um determinado fim exige o exercício de conhecimentos específicos da Administração para garantir uma decisão justa e correta no caso concreto.[9]

Persistindo nessa trilha, com o objetivo de estabelecer os limites ao exercício do "poder discricionário" da Administração, seguramente se impõe o Direito Público como legítimo senhor da atividade administrativa. Ou seja, não haverá espaço para discricionariedade, longe dos limites do Direito Público.[10]

---

[8] Op. cit., p. 55. Apresenta ANDREAS KRELL, ainda, outras interessantes teorias como a dos vícios da discricionariedade (*Ermessensfehlerlehre*), a qual estabelece os seguintes critérios para a anulação de atos administrativos: "a 'transgressão dos limites do poder discricionário' (*Ermessensüberschreitung*), em que a autoridade escolhe uma conseqüência jurídica não prevista ou pressupõe erroneamente a existência de fatos, os quais abririam o exercício da discricionariedade; o "não-exercício do poder discricionário" (*Ermessensnichtgebrauch*), quando o órgão se julga vinculado pela lei, que, na verdade, abre liberdade de decisão, fato este que pode ser provocado também por uma investigação deficiente dos próprios fatos do caso; e, finalmente; o "abuso ou desvio do poder discricionário" (*Ermessensfehlgebrauch*) – o vício mais comum -, que incide nos casos em que a autoridade não se deixa dirigir exclusivamente pela finalidade, prescrita ou viola direitos fundamentais ou princípios administrativos gerais, como a igualdade e a proporcionalidade." (A Recepção das teorias alemãs sobre 'conceitos jurídicos indeterminados' e o controle da discricionariedade no Brasil, p. 46-47. *Revista Interesse Público* nº 23, 2004.)

[9] Op. cit., p. 18.

[10] Nesse sentido, o magistério de JUAREZ FREITAS "quem administra é o próprio Direito Público, não o agente na sua particularidade, nem mesmo a Administração Pública, considerada, por igual, na sua particularidade. Deve ser, na acepção técnica e para os mais variados efeitos, reconhecida a indisponibilidade dos princípios, das normas e dos valores juspublicistas, sobremaneira perante a Administração. Entre estes princípios – a par da legalidade, da impessoalidade, da moralidade (inclusive da boa fé), da publicidade, da legitimidade – deve figurar destacadamente o da igualdade, que transcende assimetrias de forma nas relações. Trata-se, a relação jurídico-administrativa, de vínculo impessoal entre pessoas, sem que a impessoalidade – embora imprima regime especial – infirme o equilíbrio isonômico das polaridades. A rigor e por isso mesmo, tal relação não se dá segundo discrição alguma fora dos princípios e do sistema, mas de modo permanentemente vinculado à teleologia superior do interesse da sociedade, à vista das exigências contemporâneas em relação aos objetivos do Estado." (Repensando a natureza da relação jurídico-administrativa e os limites principiológicos à anulação dos atos administrativos, p. 14. *In Estudos de Direito Administrativo*. São Paulo Malheiros, 2001)

Dentro desse contexto, surge ao cidadão o direito de esperar do Poder Público um comportamento pautado pelo Direito, inofensivo à sua própria e exclusiva teia de relações jurídicas regularmente constituídas.[11] A Administração, ao cumprir sua precípua função de harmonizar os diversos (e por vezes colidentes) interesses verificados no seio social, não pode impor sacrifícios excessivos aos particulares, sob pena de comprometimento de sua missão institucional.[12]

Neste ponto, reside um grande dilema enfrentado pela prática judiciária contemporânea: como garantir as legítimas expectativas das pessoas sem ofender a necessária liberdade que deve presidir o agir administrativo. Um interessante ponto de partida reside na exploração das teorias surgidas a partir das múltiplas funções da boa-fé, pois através da necessidade de proteção da confiança legítima do administrado é que a conduta constitucional da Administração poderá ser entendida, valorizando-se sobremodo os efeitos objetivos causados direta ou indiretamente pelo seu agir.[13]

---

[11] Informa MERUSI que a teoria da confiança já no início do século XX era aplicada pelas Cortes italianas no âmbito administrativo, embora com contornos pouco nítidos: "il Consiglio di Stato fin dai primi decenni di questo secolo aveva frequentemente emanato decisioni che non potevano trovare altra spiegazione razionale, se non nell'esistenza, implicitamente affermata, di un principio di correttezza e buona fede in senso oggettivo che imponeva alla pubblica amministrazione di tener conto e di tutelare gli affidamenti da essa ingenerati in capo al cittadino. La tutela degli affidamenti non si traduceva tuttavia in una tutela automatica, in base al principio del 'non venire contra factum proprium'. Si concretizzava, invece, com riguardo all'attività discrezionale della pubblica amministrazione, nell'obbligo di ponderazione degli interessi in gioco e, segnatamente, da un lato dell'interesse pubblico e dall'altro dell'interesse correlato all'affidamento." (MERUSI, Fabio. *Buona Fede e Diritto Pubblico*, p. 77. In Il Principio di Buona Fede. Milano: Giuffre Editore, 1987)

[12] "O que aí está indicado é que, ao invés de apenas privilegiar o poder de império, a ação estatal deve levar em conta outros fatores, como as expectativas legitimamente despertadas por sua conduta, e assim mantê-las, em respeito à confiança despertada na sociedade. A Administração – ainda que atuando como autoridade decisória – está adstrita a conformar a própria conduta a normas de comportamento, mesmo não expressamente previstas na lei ou em atos administrativos, permitem realizar o interesse público sem o excessivo sacrifício da esfera jurídica dos cidadãos. Daí que, objetivamente gerada a confiança por atos, palavras ou comportamentos concludentes, esta se incorpora ao patrimônio jurídico daqueles a quem são dirigidos esses atos, palavras ou comportamentos: o Ordenamento jurídico tutela os efeitos produzidos pela ação geradora de confiança em que nela legitimamente confiou, coibindo ou limitando a ação administrativa, ou impondo deveres à Administração" (JUDITH MARTINS-COSTA, *A proteção da legítima confiança nas relações obrigacionais entre a Administração e os Particulares*, p. 236. Revista da Faculdade de Direito da UFRGS)

[13] Sobre o tema, valiosa a lição de JUDITH MARTINS-COSTA: "(...) ao invés de apenas privilegiar o poder de império, a ação estatal deve levar em conta outros fatores, como as expectativas legitimamente despertadas por sua conduta, e assim mantê-las, em respeito à confiança despertada na sociedade. A Administração – assim que atuando como autoridade decisória – está adstrita a conformar a própria conduta a normas de comportamento que, mesmo não expressamente previstas na lei ou em atos administrativos, permitem realizar o interesse público sem o excessivo sacrifício da esfera jurídica dos cidadãos. Daí que, objetivamente gerada a confiança por atos, palavras ou comportamentos concludentes, esta se incorpora ao patrimônio jurídico daquelas a quem são dirigidos esses atos, palavras ou comportamentos: o ordenamento jurídico tutela os efeitos produzidos pela ação geradora de confiança em quem nela legitimamente confiou, coibindo ou limitando a ação administrativa, ou impondo deveres à Administração". (Op. cit, p. 236)

E sobre esta doutrina, haurida precipuamente do direito privado, algumas considerações mostram-se impositivas.

2. A Boa-Fé no Direito Privado e no Direito Administrativo

Atualmente, reconhecido o Direito como um todo orgânico, admite-se a comunicação entre seus diversos ramos. Com razão, corriqueiramente o intérprete recorre a soluções outrora típicas do direito público para regrar relação de direito privado, assim como o direito privado socorre o público na busca da "justiça do caso concreto". À essa harmonização das áreas do Direito, parcela da doutrina cunhou as expressões "constitucionalização do direito privado" ou "privatização do direito público". Seja como for, exata ou imperfeita a terminologia empregada, importante é reconhecer que nada impede o operador de reelaborar normas pensadas originalmente para determinado setor, a fim de aplicá-las em outro, desde que respeitados os nortes de harmonia e segurança traçados pelo sistema. Esse fenômeno é justificado pelas relações travadas no interior do ordenamento.

No que interessa ao presente estudo, nota-se que o direito privado pode oferecer algumas balizas importantes a fim de elaborar uma teoria da confiança no direito público. Isto porque, historicamente, o princípio da boa-fé (irmão gêmeo do princípio da legítima confiança do administrado) teve importante elaboração teórica naquela sede, que não pode simplesmente ser ignorada.

Com efeito, no direito privado, o ideal de boa-fé é utilizado sob os aspectos subjetivo e objetivo. Enquanto a boa-fé subjetiva está intimamente relacionada com a animosidade do sujeito, a boa-fé objetiva desliga-se completamente do elemento vontade, para focalizar sua atenção na comparação entre a atitude tomada e aquela que se poderia esperar de um homem médio, não reticente, do bom pai de família. O eixo da análise é deslocado. Enquanto, na primeira modalidade, o reconhecimento do *animus nocendi* é vital, na segunda, desimporta.

O Código Francês, exemplificativamente, tutela a boa-fé no casamento putativo (arts. 201 e 202), na posse (arts. 549 e 550) e nos efeitos do pagamento feito de boa fé (arts. 1.240). Em todas as modalidades, valoriza-se o elemento subjetivo. Já nos artigos 1.134[14] e 1.135,[15] que regulam

---

[14] Art. 1134, Código Civil francês: *Les conventions légalement formées tiennent lieu de loi à ceux qui les ont faites. Elles ne peuvent être révoquées que de leur consentement mutuel, ou pour les causes que la loi autorise. Elles doivent être exécutées de bonne foi.*

[15] Assim reza o art.1.135, do Código Civil francês: "Les conventions obligent non seulement à ce qui y est exprimé, mais encore à toutes les suítes qui lequité, lusage, ou la loi donnet à lobligation dap-és sa nature. No entanto, devido ao receio de invadir a seara do legislativo, o Judiciário francês

o dever de prestar conforme a boa-fé, valoriza-se o comportamento objetivo da parte, desimportando suas intenções.

Sobre a boa fé no espectro objetivo, obrigatória a remissão ao § 242 do Código Civil Alemão, que batizou a figura de "Leistung nach Treu und Glauben". Foi a partir dessa norma que os juristas tedescos começaram a identificar obrigações anexas, não expressas nos contratos, mas que decorreriam da própria natureza do vínculo assumido, prescindindo, assim, da vontade dos contraentes. Na dicção do Professor Clóvis do Couto e Silva, "começava a reconhecer-se no princípio da boa-fé uma fonte autônoma de direitos e obrigações; transforma-se a relação obrigacional manifestando-se no vínculo dialético e polêmico, estabelecido entre devedor e credor, elementos cooperativos necessários ao correto adimplemento".[16]

E foi a partir da boa-fé objetiva que nossa jurisprudência logrou, no âmbito privado, colorir figuras como o abuso de direito, a teoria do adimplemento substancial (*substancial performance*),[17] *venire contra factum proprium,*[18] *culpa in contrahendo,*[19] a responsabilidade pós-contratual,[20] etc. Isto sem contar com o reconhecimento de ampla sorte de deveres laterais, surgidos a partir do contato social, como informação,[21] esclarecimento,[22] proteção e vigilância,[23] correção,[24] etc.

O novo Código Civil vale-se em reiteradas oportunidades da boa-fé, sob a modalidade subjetiva, como objetiva. Observa-se, apenas por ilustração: interpretação do negócio jurídico (art. 113);[25] da condição resolutiva (art. 128);[26] fraude contra credores (art. 164);[27] simulação (art.

---

findou por pouco desenvolver a expressão da eqüidade e mesmo do costume. Em idêntico teor, o art. 1374, do CC italiano: Integrazione del contratto – Il contratto obbliga le parti non solo a quanto è nel medesimo espresso, ma anche a tutte le conseguenze che ne derivano secondo la legge, o, in mancanza, secondo gli usi e lequità".

[16] "O princípio da boa-fé no direito brasileiro e português", p.47. In *Estudos de Direito Civil Brasileiro e Português*. São Paulo: RT, 1980.

[17] RESP 272739/MG, STJ, 4ª Turma, Rel. Min. Ruy Rosado de Aguiar Junior, DJ: 02/04/2001, p. 299.

[18] RESP 95539/SP, STJ, 4ª Turma, Rel. Min. Ruy Rosado de Aguiar Junior, RSTJ nº 93, p. 314.

[19] AC 598209179, 16ª C.C., TJRS, Rela. Desa. Helena Ruppenthal Cunha, julgado em 19/08/98.

[20] AC 70001037597, 9ª C.C., TJRS, Rel. Des. Paulo de Tarso Vieira Sanseverino, julgado em 14/06/00.

[21] AC 70001123645, 6ª C.C., TJRS, Rel. Des. João Pedro Pires Freire, julgado em 08/05/02.

[22] AI 70000088328, 13ª C.C., TJRS, Rel. Des. Marco Aurélio de Oliveira Canosa, julgado em 26/04/01.

[23] AC 70000441865, 9ª C.C., TJRS, Rel. Des. Mara Larsen Chechi, julgado em 25/10/00.

[24] AC 70002660207, 5ª C.C., TJRS, Rel. Des. Clarindo Favretto, julgado em 20/12/01.

[25] Art. 113: Os negócios jurídicos devem ser interpretados conforme a boa-fé e os usos do lugar de sua celebração.

[26] Art. 128: Sobrevindo a condição resolutiva, extingue-se, para todos os efeitos, o direito a que ela se opõe; mas, se aposta a um negócio de execução continuada ou periódica, a sua realização, salvo disposição em contrário, não tem eficácia quanto aos atos já praticados, desde que compatíveis com a natureza da condição pendente e conforme aos ditames de boa-fé.

[27] Art. 164. Presumem-se, porém, de boa-fé e valem os negócios ordinários indispensáveis à manutenção de estabelecimento mercantil, rural, ou industrial, ou à subsistência do devedor e de sua família.

167, § 2º);[28] ilicitude civil (art. 187);[29] indenização de benfeitorias (art. 242);[30] pagamento de boa fé a credor putativo (art. 309);[31] probidade contratual (art. 422),[32] etc.

A partir das conquistas alcançadas pelo Direito Privado, paulatinamente, a teoria da confiança passa a ser valorizada pelo Direito Público, afinal, conquanto com funções diversas, os dois mundos do Direito sempre se comunicam.

Um bom exemplo de aplicação da boa-fé no direito administrativo é colhido em acórdão do Superior Tribunal de Justiça, bem analisado pela professora Judith Martins-Costa.[33] Tratava-se de analisar a responsabilidade pré-negocial da Administração Pública. Constou no voto condutor: "no direito civil, desde os estudos de Ihering, admite-se que do comportamento adotado pela parte, antes de celebrado o contrato, pode decorrer efeito obrigacional, gerando a responsabilidade pré-contratual. O princípio geral da boa fé veio realçar e deu suporte jurídico a esse entendimento, pois as relações humanas devem pautar-se pelo respeito à lealdade. O que vale para a autonomia privada vale ainda mais para a Administração Pública e para a direção das empresas cujo capital é predominantemente público, nas suas relações com os cidadãos. É inconcebível que um Estado democrático, que aspire a realizar a Justiça, esteja fundado no princípio de que o compromisso público assumido por seus governantes não tem valor, não tem significado, não tem eficácia. Especialmente quando a Constituição da República consagra o princípio da moralidade administrativa".

Observa-se que, no âmbito do direito administrativo, a boa-fé também pode ser aproveitada em suas acepções subjetiva e objetiva. Será valorizada no aspecto subjetivo, quando o intérprete focar sua atenção para o elemento anímico dos sujeitos envolvidos com a Administração. Exemplo clássico da recepção da boa fé subjetiva nas relações administrativas é a exigência, para a preservação de efeitos oriundos de atos nulos, da lealda-

---

[28] Art. 167, § 2º: Ressalvam-se os direitos de terceiros de boa-fé em face dos contraentes do negócio jurídico simulado.

[29] Art. 187. Também comete ato ilícito o titular de um direito que, ao exercê-lo, excede manifestamente os limites impostos pelo seu fim econômico ou social, pela boa-fé ou pelos bons costumes.

[30] Art. 242. Se para o melhoramento, ou aumento, empregou o devedor trabalho ou dispêndio, o caso se regulará pelas normas deste Código atinentes às benfeitorias realizadas pelo possuidor de boa-fé ou de má-fé.

[31] Art. 309. O pagamento feito de boa-fé ao credor putativo é válido, ainda provado depois que não era credor.

[32] Art. 422. Os contratantes são obrigados a guardar, assim na conclusão do contrato, como em sua execução, os princípios de probidade e boa-fé.

[33] STJ, 4ª Turma, Recurso Especial nº 6.183/MG, Rel. Min. Ruy Rosado de Aguiar. ("A Proteção da Legítima Confiança nas Relações Obrigacionais entre a Administração e os Particulares")

de do administrado, como se vê de clássico entendimento no sentido de que, caso o cidadão omita informações relevantes a seu respeito, tentando, com sua atitude, ludibriar o agente público, não poderá se valer da própria torpeza para se beneficiar.

A modalidade objetiva, de seu turno, é perfeitamente identificável cada vez que se exige da Administração um comportamento coerente e previsível, de modo a não surpreender o particular. Nessa dimensão, é desenvolvido o princípio da confiança legítima adquirida pelo administrado, o qual tem o direito de ser valorizado pelo agir do ente administrativo, principalmente através da vedação de condutas abusivas e desproporcionais.

E com a vênia deferida de entendimento diverso, é sob a modalidade objetiva que existe terreno fértil para a construção de uma teoria positiva da confiança na seara administrativa. Um estudo que visa, em última análise, colaborar com o ideal de segurança prezado pelo sistema, dentro de uma visão globalizada dos diversos interesses envolvidos no plano concreto, guiada de maneira inafastável pelo Direito.

Muitas seriam as aplicações possíveis da teoria da confiança no direito administrativo. Exemplificativamente, Odete Medauar, com plena razão, explorando os limites da boa-fé objetiva, ordena à Administração abster-se de promover alterações legais que se mostrem abruptas ou radicais em confronto com as "esperanças fundadas" dos cidadãos. Ou seja, não se veda à Administração promover as necessárias reformas normativas, conquanto dentro da razoabilidade, a qual imporia, eventualmente, respeito às situações pretéritas ou em vias de constituição, bem como até mesmo previsão de regime de transição para que os particulares possam se adaptar à nova disciplina.[34] Esta previsão de gradativa transição é também realçada por Canotilho.[35]

---

[34] Assevera a professora: "a proteção da confiança diz respeito à continuidade das leis, à confiança dos indivíduos na subsistência das normas. Isso não protege os cidadãos genericamente de toda alteração legal, pois cada situação terá a peculiaridade para detectar ou não a confiança suscitada. Apresenta-se mais ampla que a preservação dos direitos adquiridos, porque abrange direitos que não são ainda adquiridos, mas se encontram em vias de constituição ou suscetíveis de se constituir; também se refere à realização de promessas ou compromissos da Administração que geraram, no cidadão, esperanças fundadas; visa, ainda, a proteger os particulares contra alterações normativas que, mesmo legais, são de tal modo abruptas ou radicais que suas conseqüências revelam-se chocantes." (*O Direito Administrativo em Evolução*, p. 247. 2. ed. São Paulo: RT, 2003)

[35] O autor português salienta outros meios de tutela das legítimas expectativas dos administrados, tais como "alterações normativas de retroatividade aparente, que ocorre quando uma norma, embora de eficácia *ex nunc* (salvaguardando assim situações pretéritas), incide sobre relações jurídicas iniciadas no passado, porém ainda presentes. Nesses casos, o meio mais efetivo de zelar pelo respeito ao princípio da confiança é exigir da administração o regramento de uma disciplina jurídica transitória, a fim de que os administrados tenham condições de adaptar-se ao novo regramento. Esse cuidado manifesta-se de várias formas, sendo a mais conhecida a previsão de *vacatio legis*". CANOTILHO, aponta, ainda, outras maneiras de serem respeitadas situações anteriores: "confirmação do direito em

Dessa forma, a seguir, serão brevemente analisados dois temas que guardam íntima conexão com a proteção da legítima confiança: (a) a necessidade do interessado participar ativamente da formação do convencimento da Administração, através de regular procedimento e (b) o delicado tema da anulação dos atos administrativos constitutivos de direitos, à luz do enunciado 473, da Súmula do STF.

3. O procedimento administrativo como meio efetivo de proteção às legítimas expectativas dos cidadãos

A grande maioria das decisões administrativas (para não dizer todas) reflete nas esferas jurídicas dos particulares. Essa necessária e diuturna incidência, de regra, cria melhores condições para que os administrados consigam desenvolver suas atividades. Todavia, há casos nos quais o comportamento da Administração, ao invés de oferecer benefícios aos particulares, cria um embaraço, ou mesmo uma proibição, de modo que essa escolha do administrador adquire maior importância na vida social.

Com razão, cumprindo à Administração zelar pela consecução do bem comum, fatalmente por vezes sua atuação restringirá interesses privados específicos em nome da realização do interesse público. Este proceder de modo algum viola o Direito, sendo, ao contrário, fenômeno corriqueiro e lícito.

Contudo, mormente quando se busca a alteração de uma situação jurídica constituída ao longo dos anos, e que, portanto, possa atingir em cheio interesses privados outrora tutelados, mostra-se fundamental que a Administração Pública faculte ao administrado (eventualmente atingido) meios para influenciar sua convicção. Ou seja, em determinados casos, para a devida proteção da confiança legítima do administrado assume especial relevo o procedimento administrativo, o qual serve de base para a tomada de correta decisão pela Administração. Muito mais do que uma mera formalidade, o procedimento administrativo traduz um método de trabalho que deve oferecer efetiva oportunidade de manifestação aos interessados, afinal somente através do contraditório e do debate, a Administração conseguirá apreciar com clareza a importância de sua atuação no caso concreto.

Presente, sempre, a lição de teoria geral do processo, pela qual através da soma de esforços das partes envolvidas o árbitro consegue extrair

---

vigor para os casos cujos pressupostos se gerarem e desenvolverem à sombra da lei antiga; entrada gradual em vigor da lei nova; dilatação da vacatio legis; disciplina específica para situações, posições ou relações jurídicas imbricadas com as leis velhas e as leis novas" (Op. cit. p. 262) a melhor síntese. Torna-se o contraditório, portanto, uma exigência do Estado de Direito, garantindo ao administrado a oportunidade de participar ativamente na formação dos provimentos que eventualmente atingirão sua esfera de direitos.[36]

Já se vê que, diante da complexidade dos fatos discutidos e da gravidade dos efeitos produzidos, para validamente exercer a prerrogativa de revisão de seus atos (mormente quando afetem a esfera jurídica dos administrados), o Poder Público deve seguir um procedimento, propiciando efetiva possibilidade aos administrados de influenciar o convencimento estatal. Em linha de princípio, deve ser vedada a revisão unilateral de atos constitutivos de direitos aos administrados.

Em valioso parecer, reproduzido no acórdão do Recurso Extraordinário n° 108.182/SP, o então membro da Procuradoria da República Gilmar Mendes bem ressaltou a importância do devido procedimento administrativo prévio: "ressalte-se que não só a complexidade fática ou o caráter controvertido da matéria, mas, sobretudo, a aplicação dos princípios do direito de defesa, da segurança jurídica (Rechssicherheit) e do respeito à boa-fé (Vertrauensschutz) parecem exigir a adoção de procedimento administrativo próprio, nas hipóteses de declaração de nulidade ou de desfazimento de situações constituídas com aparência de legalidade".[37]

Avançando nesta direção, o Supremo Tribunal Federal já reconheceu a importância de procedimento administrativo prévio com apoio em norma constitucional explícita. No julgamento do Recurso Extraordinário n° 158.543/RS, interpretando o alcance do art. 5°, inciso LV da Constituição Federal, o Min. Marco Aurélio concluiu que o contraditório e a ampla defesa também deveriam ser observados no procedimento administrativo, afinal "o vocábulo litigante há de ser compreendido em sentido lato, ou seja, a envolver interesses contrapostos. Destarte, não tem o sentido processual de parte, a pressupor uma demanda. Este enfoque decorre da circunstância de estar ligado também aos processos administrativos". Asseverou, ainda, o Ministro Relator que "o contraditório e a ampla defesa assegurados constitucionalmente não estão restritos apenas àqueles pro-

---

[36] Lapidar a lição de CÂNDIDO DINAMARCO: "Seja no processo civil, penal, trabalhista, seja no processo administrativo (notadamente no disciplinar), o que se vê é a presença dos sujeitos interessados a participar, a influir a autoridade pública na formação do seu convencimento, na escolha dos rumos a tomar. O contraditório é, portanto, inerente ao conceito de processo, entendendo-se como imposição do Estado democrático a participação de cada um na formação dos provimentos que de alguma forma virão a atingir a sua esfera de direitos (assim como no processo político hão de participar os cidadãos interessados nos destinos do Estado, assim no processo jurisdicional ou administrativo terão oportunidade de participação aqueles a quem interessam, caso por caso, os resultados da atividade pública que ali se desenrola". (*Litisconsórcio*, p. 19. 7. ed. São Paulo: Malheiros, 2002)

[37] DJ: 24.10.1986, ementário 1.438-3.

cessos de natureza administrativa que se mostrem próprios do campo disciplinar".[38]

No mesmo sentido, o voto do Min. Carlos Mário Velloso, consolidando pensamento ainda anterior à Carta Política: "tenho, portanto, Sr. Presidente, que sob o pálio da Constituição de 1988, é indiscutível que o devido processo legal aplica-se a qualquer procedimento administrativo em que o patrimônio do administrado possa vir a ser, de qualquer modo, atingido, possa vir a ser, de qualquer modo, desfalcado".

Dentro desse contexto, salutar a Lei que regula o Procedimento Administrativo no âmbito da Administração Federal, a qual, já em seu primeiro artigo, no *caput*, expõe seus objetivos, quais sejam proteger os direitos dos administrados e propiciar melhores condições para o cumprimento dos fins da Administração. Nessa perspectiva, impõe o diploma observância aos princípios da legalidade, finalidade, motivação, razoabilidade, proporcionalidade, moralidade, ampla defesa, contraditório, segurança jurídica, interesse público e eficiência. Uma preocupação que ultrapassa de longe os ditames formais do procedimento regular, encontrando eco no devido processo de Direito, como se vê dos nortes oferecidos aos agir do ente administrativo.[39]

---

[38] Íntegra da Ementa: "Ato administrativo. Repercussões. Presunção de legitimidade. Situação constituída. Interesses contrapostos. Anulação. Contraditório. Tratando-se da anulação de ato administrativo cuja formalização haja repercutido no campo de interesses individuais, a anulação não prescinde da observancia do contraditório, ou seja, da instauração de processo administrativo que enseje a audição daqueles que terão modificada situação já alcançada. Presunção de legitimidade do ato administrativo praticado, que não pode ser afastada unilateralmente, porque e comum a Administração e ao particular." (STF, Recurso Extraordinário nº 158.543/RS, 2ª Turma, Rel. Min. Marco Aurélio de Mello, DJ: 06.10.1995, p. 33.135)

[39] Art. 2º da Lei 9784 reza: "A Administração Pública obedecerá, dentre outros, aos princípios da legalidade, finalidade, motivação, razoabilidade, proporcionalidade, moralidade, ampla defesa, contraditório, segurança jurídica, interesse público e eficiência. Parágrafo único. Nos processos administrativos serão observados, entre outros, os critérios de: I - atuação conforme a lei e o Direito; II - atendimento a fins de interesse geral, vedada a renúncia total ou parcial de poderes ou competências, salvo autorização em lei; III - objetividade no atendimento do interesse público, vedada a promoção pessoal de agentes ou autoridades; IV - atuação segundo padrões éticos de probidade, decoro e boa-fé; V - divulgação oficial dos atos administrativos, ressalvadas as hipóteses de sigilo previstas na Constituição; VI - adequação entre meios e fins, vedada a imposição de obrigações, restrições e sanções em medida superior àquelas estritamente necessárias ao atendimento do interesse público; VII - indicação dos pressupostos de fato e de direito que determinarem a decisão; VIII - observância das formalidades essenciais à garantia dos direitos dos administrados; IX - adoção de formas simples, suficientes para propiciar adequado grau de certeza, segurança e respeito aos direitos dos administrados; X - garantia dos direitos à comunicação, à apresentação de alegações finais, à produção de provas e à interposição de recursos, nos processos de que possam resultar sanções e nas situações de litígio; XI - proibição de cobrança de despesas processuais, ressalvadas as previstas em lei; XII - impulsão, de oficio, do processo administrativo, sem prejuízo da atuação dos interessados; XIII - interpretação da norma administrativa da forma que melhor garanta o atendimento do fim público a que se dirige, vedada aplicação retroativa de nova interpretação".

O procedimento administrativo prévio é, no mais das vezes, a única oportunidade concreta que o particular encontra para influenciar o administrador. A propósito, observe-se o número de decisões administrativas que se mostram, em momento posterior, intempestivas e equivocadas, tais como: revogação de alvará de construções a pretexto de risco inexistente de danos, revogação de licenças para operação em importantes setores (medicamentos, bolsa de valores, câmbio, etc.). Decisões que partem de pressupostos de fato manifestamente infundados e que poderiam ser tranqüilamente elucidadas caso comparecessem também a versão e os esclarecimentos dos interessados.

Por tais razões, é imperiosa a participação do interessado, enquanto titular de legítimas expectativas, no contraditório instituído em procedimento administrativo prévio, a fim de colaborar com a formação do provimento que lhe irá atingir.

4. Passado e futuro do Enunciado nº 473 da Súmula do STF

O tormentoso problema da valorização do ideal de proteção do administrado frente ao comportamento da Administração é observado na análise e aplicação do enunciado nº 473 da Súmula do Supremo Tribunal Federal, a qual reza: "a administração pode anular seus próprios atos, quando eivados de vícios que os tornam ilegais, porque deles não se originam direitos; ou revogá-los, por motivo de conveniência ou oportunidade, respeitados os direitos adquiridos, e ressalvada, em todos os casos, a apreciação judicial".

O dispositivo é justificado pelo "poder de autotutela da Administração", bem resumido no seguinte trecho de voto proferido pela Ministra Ellen Gracie: "é notório que à Administração Pública é cabível tão-só a prática de atos devidamente autorizados por lei, ao contrário do que se sucede com o particular em que lhe é facultado fazer tudo o que não for defeso por lei. Dessa forma, diante de uma ilegalidade praticada pela Administração, seja por equívoco ou não, a ela própria caberá a retificação ou anulação do ato, de modo que não prevaleça situação não chancelada pela lei".[40]

---

[40] Íntegra da ementa: "Servidor Público. Proventos de aposentadoria. Ato administrativo eivado de nulidade. Poder de autotutela da Administração Pública. Possibilidade. Precedente. Pode a Administração Pública, segundo o poder de autotutela a ela conferido, retificar ato eivado de vício que o torne ilegal, prescindindo, portanto, de instauração de processo administrativo (Súmula 473, 1ª parte - STF). RE 185.255, DJ 19/09/1997. RE conhecido e provido." (RE 247.399/SC, 1ª Turma, Rela. Mina. Ellen Gracie, j. 23.04.2002, DJ: 24/05/02)

A fim de compreender o espírito do enunciado 473, da Súmula do Supremo, interessante registrar trechos dos votos proferidos nos acórdãos que serviram de precedentes para a elaboração do verbete. Em verdade, analisando-os, observa-se que a preocupação fundamental dos julgadores era a de reconhecer o "direito de autotutela da Administração", ou seja, a possibilidade dela, por ato próprio, anular atos quando viciados, ou revogá-los a bem do interesse público.

A interpretação que deu origem ao dispositivo é bem apresentada em trecho do voto proferido no acórdão do Recurso Extraordinário n° 27.031, julgado em 20.06.1955, do Relator, Min. Luiz Gallotti: "a anulação caberá quando o ato contenha vício que o torne ilegal (não será possível falar então de direito subjetivo que haja nascido, *pois de ato ilegal não nasce direito*).[41] (grifamos) Em semelhante sentido, a posição do Min. Hermes Lima, por ocasião do julgamento do Mandado de Segurança n° 12.512: " (...) para dar origem a direito subjetivo será necessário que o ato administrativo não padeça de nenhum vício, que a legalidade dos fatos em que se baseia não tolere contestação razoável".

Dessa forma, no que toca ao ato em desacordo com o Direito, dúvidas não existem de que o caminho escolhido pelo verbete seria a anulação, afinal dele não decorreria direito algum. Bastaria que a Administração observasse o devido processo para que a anulação fosse procedida. Essa preocupação de cunho procedimental fica clara em voto, no julgamento do Mandado de Segurança n° 13.942/DF, do Ministro Antônio Villas Boas: "senhor Presidente: fico na linha dos princípios: os atos administrativos não são intangíveis: a Administração pode rescindi-los, ou mesmo anulálos; *mas praticará abuso de poder, sempre que o fizer quanto a uma resolução que haja produzido efeitos, sem indicar os vícios que a poluem*".[42] (grifamos) Nota-se a preocupação com o procedimento para re-

---

[41] Íntegra da Ementa: "Loteamento de terrenos. Não prevalência de leis locais em face do Decreto-Lei Federal n. 58 de 1937 e Decreto Federal n. 3.079 de 1938. Não cabimento do Recurso Extraordinário, uma vez que este não se destina a corrigir a falta de aplicação de leis locais. Revogabilidade e anulação dos atos administrativos pela própria Administração. Distinção entre a revogação e o anulamento: a primeira, competindo a própria autoridade administrativa, e o segundo a própria autoridade administrativa ou ao Judiciário. A revogação se da por motivos de conveniência ou oportunidade, e não será possível quando do ato revogado já houver nascido um direito subjetivo. A anulação caberá quando o ato contenha vicio que o torne ilegal (não será possível falar então de direito subjetivo que haja nascido, pois do ato ilegal não nasce direito). (RE 27.031/SP, 1ª Turma, Rel. Min. Luiz Gallotti, j. 20/06/1955, DJ: 04.08.1955)

[42] Íntegra da ementa: "Mandado de segurança concedido, por voto de desempate. Os atos administrativos podem ser rescindidos. Mas, quando já operaram efeito, tomando o caráter de direito adquirido, a autoridade deve indicar, precisamente, o vício ou ilegalidade de que se achem contaminados, para se possibilitar o controle judicial sobre a revogação. Configura abuso de poder, quando a hipótese se verifica, a rescisão pura e simples, ou não idoneamente motivada. *Writ* outorgado para convalescimento do Dec. N° 52.379, de 19 de agosto de 1963." (MS 13.942/DF, Tribunal Pleno, Rel. Antônio Villas Boas, j. 31.07.1964, DJ: 44.09.64, p. 3.447)

vogação e anulação dos atos, medidas que deveriam estar cercadas de um mínimo de prudência e de deveres, como o salientado, de motivação.

Todavia, o reconhecimento da possibilidade de reversão dos atos pretéritos não fora entendida como uma prerrogativa absoluta, a ser executada ao bel-prazer do Administrador. Ao contrário, observava-se alguma preocupação com o desfazimento de atos públicos, principalmente através do instituto da revogação. Efetivamente, presente o interesse público, o Supremo Tribunal Federal faculta a revogação do ato, exigindo, contudo, o respeito às situações constituídas. Nesse sentido, a manifestação do Min. Themistocles Cavalcanti, no julgamento do RMS 16.935/SP, em 1968: "a tese é já hoje pacífica quanto a admitir-se a revogabilidade quando o ato foi praticado com erro, fraude, preterição de formalidade essencial ou quando, mesmo sem esses vícios, por motivos de interesse público não venha a ferir uma situação jurídica definitivamente adquirida, ou em outras palavras, direitos adquiridos".[43]

Esse, portanto, o objetivo do verbete nº 473: preservar o interesse geral, facultando que o Poder Público reavalie suas atitudes, (inclusive corrigindo eventuais equívocos), e não simplesmente desconsiderar os interesses dos terceiros que entretiveram relações com a Administração. E para a identificação do interesse público, é fundamental ao operador atentar para os interesses privados envolvidos, em razão da mútua dependência e harmonia que deve pautar as relações entre ambos.[44]

Contudo, se por um lado parece evidente o direito de autotutela da Administração, com o qual deve-se buscar a correção de ilegalidades indevidamente praticadas, por outro, resulta altamente complexa a discus-

---

[43] Íntegra da Ementa: "Revogabilidade do ato administrativo. Ilegalidade, erro, fraude, justificam, com reserva dos direitos adquiridos. Desvirtuamento da autorização de concessão. Justifica-se a rescisão quando houve infração do concessionário. Impossibilidade de manutenção parcial. Não provimento." (RMS 16.935/SP, 2ª Turma, Rel. Min. Themistocles Cavalcanti, j. 06.03.1968, DJ: 24.05.68, p. 1.864)

[44] Acerca desse fascinante tema da relação entre interesse público e interesse privado, merece meditação a conclusão do Professor HUMBERTO AVILA "a única idéia apta a explicar a relação entre interesses públicos e particulares, ou entre o Estado e o cidadão, é o sugerido postulado da unidade da reciprocidade de interesses, o qual implica uma principal ponderação entre interesses reciprocamente relacionados (interligados) fundamentada na sistematização das normas constitucionais. (...) Não se está a negar a importância jurídica do interesse público. Há referências positivas em relação a ele. O que deve ficar claro, porém, é que, mesmo nos casos em que ele legitima uma atuação estatal restritiva específica, deve haver uma ponderação relativamente aos interesses privados e à medida de sua restrição. É essa ponderação para atribuir máxima realização aos direitos envolvidos o critério decisivo para a atuação administrativa. E antes que esse critério seja delimitado, não há cogitar sobre a referida supremacia do interesse público sobre o particular. (Repensando o "princípio da supremacia do interesse público sobre o particular". *In O Direito Público em tempos de crise*. Estudos em homenagem ao Des. RUY RUBEN RUSCHEL. Coord. INGO SARLET. Porto Alegre: Livraria do Advogado, 1999. Também disponível em Revista Diálogo Jurídico, Salvador, CAJ – Centro de Atualização Jurídica, v. I, n. 7, outubro de 2001. Disponível em www.direitopublico.com.br. Acesso em 21 de maio de 2003)

são acerca das conseqüências da anulação e da revogação dos atos administrativos. Com razão, a interpretação literal do dispositivo indica que, uma vez identificado vício no ato administrativo, em toda e qualquer hipótese, a Administração deve anulá-los. A norma sumulada em momento algum manifesta preocupação com os efeitos decorrentes desse ato ilegal, afinal, no dizer do verbete, "deles não se originam direitos". No plano abstrato, a discussão poderia ser considerada singela, caso a solução encontrada fosse simplesmente extirpar do mundo jurídico o ato ilegal. Todavia, em hipóteses não raras, esse raciocínio apriorístico é traído pela contingência do mundo fático, pois a vida indica que atos inválidos produzem, sim, efeitos práticos complexos!

Como em célebre julgamento destacou o Min. Oscar Corrêa: "se não se nega à Administração a faculdade de anular seus próprios atos, não se há de fazer disso o reino do arbítrio". E para temperar o poder-dever de autotutela conferido à Administração, a jurisprudência destaca a necessidade de se proteger as legítimas expectativas dos administrados, os quais, confiando na legitimidade dos atos emanados pelo Poder Público, merecem tutela quando aqueles são revogados ou mesmo anulados, pela Administração ou pelo Judiciário.[45]

Efetivamente, o agir constitucional da Administração Pública somente pode ser entendido de maneira satisfatória a partir dos efeitos que suas atitudes oferecem aos administrados no plano concreto, tendo em vista a necessidade de se tutelar a legítima confiança despertada pelo agir dos órgãos públicos. Portanto, a dicção empregada no enunciado do Supremo Tribunal Federal deve ser interpretada com amplo tempero, de forma a evitar o surgimento de decisões surpreendentes (e injustas), em nome de pretexta consagração do princípio da estrita legalidade.[46] A pergunta pode ser desta forma sintetizada: será mesmo necessário – e útil ao sistema –

---

[45] FABIO MERUSI aduz que outros ordenamentos, como o alemão, estabelecem o dever de indenizar da Administração quando suas atitudes, mesmo lícitas, frustram legítimas expectativas dos cidadãos: "in altri ordinamenti, in quello tedesco in particolare, è stato fissato per legge (artt. 48 e 49 Verfahrengesetz) il principio secondo il quale, allorché la pubblica amministrazione revochi o annulli d'ufficio un provvedimento, ritendendo il pubblico interesse prevalente rispetto all'affidamento ingenerato sia tenuta 'a risarcire all'amministrato il danno patrimoniale per aver confidato nella stabilità dell'atto, sempre che il suo affidamento sia, in confronto col pubblico interesse, degno di tutela'. La condificazione di questo principio è avvenuta in Germania sulla scia di un'evoluzione giurisprudenziale che aveva già tentato di risolvere in tal senso il problema in questione". (Op. cit. p. 80)

[46] Preocupação bem exposta pelo Professor ALMIRO DO COUTO E SILVA: "a esses dois últimos elementos ou princípios – legalidade da Administração Pública e proteção da confiança ou da boa fé dos administrados – ligam-se, respectivamente, a presunção ou aparência de legalidade que têm os atos administrativos e a necessidade de que sejam os particulares defendidos, em determinadas circunstâncias, contra a fria e mecânica aplicação da lei, com o conseqüente anulamento de providências do Poder Público que geraram benefícios e vantagens há muito incorporados ao patrimônio dos administrados". (Os princípios da legalidade da Administração Pública e da segurança jurídica no Estado de Direito Contemporâneo, p. 11. RPGE, Porto Alegre, 18 (46): 11-19, 1988)

anular todos os atos eivados de vícios, sem se preocupar com os efeitos deles decorrentes?

Na verdade, o tema do anulamento do ato administrativo deve ser solvido pela ponderação entre os dois princípios envolvidos no plano concreto, a legalidade estrita e a proteção da confiança do destinatário do ato impugnado.[47] Dessa equação é que resultará a melhor solução, necessariamente confortada pela segurança jurídica.[48] O fato é que o cidadão comum presume a regularidade dos atos administrativos e ordena sua vida em razão dessa expectativa gerada, merecendo, nesta medida, proteção por parte do Direito. Nesse contexto, em certos casos, nos quais manifesta a boa fé do administrado e valiosos os efeitos práticos do ato, a única forma de tutelar a situação pretérita é garantir a estabilidade dos efeitos do comportamento da Administração, a despeito de eventual irregularidade detectada.[49]

Justamente neste tópico reside a valia da figura da convalidação, que poderá se constituir em útil ferramenta para a harmonização dos diversos interesses envolvidos quanto ao tema da invalidação dos atos administrativos. Identificada determinada ilegalidade, a Administração tem o dever de invalidar ou de revisar seu ato, de modo a adequá-lo aos preceitos legais, em face do inafastável princípio constitucional da legalidade, orientador de todas as manifestações da Administração Pública.[50] E para determinar de que forma deve a Administração agir, mostra-se fundamen-

---

[47] Nesse sentido, a lição de ALMIRO DO COUTO E SILVA: "quando se verificar que o interesse público maior for de que o princípio aplicável é o da segurança jurídica e não o da legalidade da Administração Pública, então a autoridade competente terá o dever (e não o poder) de não anular, porque se deu a sanatória do inválido, pela conjunção da boa fé dos interessados com a tolerância da Administração e com o razoável lapso de tempo transcorrido". (Princípios da Legalidade da Administração Pública e da Segurança Jurídica no Estado de Direito Contemporâneo, R.D.P. Vol. 84, p. 61)

[48] Refere JUAREZ FREITAS: "Em outras palavras, se o princípio da legalidade, visto isoladamente, pode determinar a anulação de um ato írrito na sua origem, entretanto, numa visão sistemática, casos haverá em que a convalidação de tal ato configurar-se-á imprescindível ao interesse público, à preservação das relações jurídico-administrativas e à efetividade dos princípios em seu conjunto, por força do respeito à boa fé". (Repensando..., p. 23)

[49] Reconhece WEIDA ZANCANER que os "atos inválidos geram conseqüências jurídicas, pois se não gerassem não haveria qualquer razão para nos preocuparmos com eles. Com base em tais atos certas situações terão sido instauradas e na dinâmica da realidade podem converter-se em situações merecedoras de proteção, seja porque encontrarão em seu apoio alguma regra específica, seja porque estarão abrigadas por algum princípio de Direito. Estes fatos posteriores à constituição da relação inválida, aliados ao tempo, podem transformar o contexto em que esta se originou, de modo a que fique vedado à Administração Pública o exercício do dever de invalidar, pois fazê-lo causaria ainda maiores agravos ao Direito, por afrontar à segurança jurídica e a boa fé". (Da Convalidação e da Invalidação dos Atos Administrativos, p. 61-62. 2. Ed. 3ª tiragem. São Paulo: Malheiros, 2001)

[50] Cf. STJ, Recurso Especial nº 65.039/DF, 5ª Turma, Rela. Mina. Laurita Vaz, DJ: 17.11.2003, p. 353.

:al perquirir se, no caso concreto, existe a possibilidade do ato viciado ser suprido com efeitos retroativos (saneamento, competência, prescrição, interesse de ambas as partes, etc).[51]

Dentro desse contexto, a convalidação de modo algum atenta contra o princípio da legalidade, mas com este se alinha, afinal seu escopo é o de re-estabelecer a legalidade antes preterida.[52] Atualmente, portanto, o verbete n° 473, do Pretório Excelso, merece nova leitura, atenta à riqueza da realidade social, de forma a valorizar o próprio interesse coletivo consubstanciado na manutenção das relações sociais que não tenham trazido prejuízo algum ao patrimônio público.[53] Ou seja, sem danos concretos ao interesse público (erário, moralidade, etc.), os efeitos advindos de atos irregulares devem ser mantidos, quer quando os atos forem revistos pela Administração ou mesmo anulados pelo Judiciário ou administrativamente.

É com esse espírito que o Superior Tribunal de Justiça paulatinamente analisando a oportunidade de serem revolvidas situações pretéritas e atuais vem exigindo que, para a imposição do dever de indenizar, além da ilegalidade, também a lesividade do ato administrativo venha comprovada, com o intuito de respeitar os efeitos práticos decorrentes desses atos

---

[51] Portanto, existindo a possibilidade, a regra será o dever de convalidar, e não de anular, pois a convalidação, restaurando a legalidade, oferece segurança aos administrados, evitando a desconstituição de posições jurídicas adquiridas.

[52] Sobre o tema, ensina BANDEIRA DE MELLO que "finalmente, vale considerar que um dos interesses fundamentais do Direito é a estabilidade das relações constituídas. É a pacificação dos vínculos estabelecidos, a fim de se preservar a ordem. Este objetivo importa muito mais no Direito Administrativo do que no Direito Privado. É que os atos administrativos têm repercussão mais ampla, alcançando inúmeros sujeitos, uns direta e outros indiretamente, como observou Seabra Fagundes. Interferem com a ordem e estabilidade das relações sociais em escala muito maior. Daí que a possibilidade de convalidação de certas situações, noção antagônica à de nulidade em seu sentido corrente, tem especial relevo no Direito Administrativo. Não brigam com o princípio da legalidade, antes atendem-lhe seu espírito. As soluções que se inspiram na tranqüilização das relações que não comprometem insuprivelmente o interesse público, conquanto tenham sido produzidas de maneira inválida. É que a convalidação é forma de recomposição da legalidade ferida. Portanto, não é repugnante ao Direito Administrativo a hipótese de convalecimento dos atos inválidos". (*Curso de Direito Administrativo*, pp. 337-338. 11. ed. São Paulo: Malheiros, 1998)

[53] Como conclui LÚCIA VALLE FIGUEIREDO: "sintetizando, podemos concluir que: a invalidação deve ocorrer, em princípio, sempre que haja vício no ato administrativo, e por conseqüência no contrato administrativo. Entretanto, haverá hipóteses em que situações passadas não podem ser reconstituídas, por obstáculo de outras normas jurídicas, não apanhando, de conseguinte, efeitos já consumados. Havendo consolidação pelo decurso de tempo, de atos surgidos como viciados, fica a invalidação obstada. De seu turno, o exaurimento da competência (o ato viciado possibilitou a deflagração de ato posterior de outra autoridade) coarcta a invalidação. Doutra parte, embora existe ato inválido, se tal ato não tiver contaminado as novas relações surgidas, à invalidação não se deve proceder (ausência de lesão ou inocuidade do ato). Finalizando - com Berçaitz - podemos afirmar: 'cabe acrescentar que não se deve declarar qualquer nulidade, pela nulidade mesma, como no direito privado. Sem prejuízo econômico ou do interesse público deve se procurar a estabilidade do ato ou do contrato'." (Extinção dos Contratos Administrativos, p. 85. 3. ed. São Paulo: Malheiros, 2002)

ainda que viciados.[54] Como asseverou o Min. Luiz Fux, "a lesividade que impõe o ressarcimento é aquela que onera, sem benefícios, o erário público".[55] Na dicção do Min. Gomes de Barros: "em boa hora, o legislador brasileiro, inseriu no Direito Positivo uma importante condição para desconstituição do ato administrativo: a ocorrência de lesão ao patrimônio público. Com efeito, ao regulamentar o exercício da Ação Popular, a Lei nº 4717, de 26.6.65, em vários dispositivos, coloca a lesividade como atributo necessário à declaração de nulidade".[56]

Avançando nessa linha, e descaracterizando a ilegalidade do ato, em vista da flagrante boa fé do administrador, bem como pela ausência de lesividade ao interesse público, asseverou o Min. Luiz Fux: "evidencia-se que os atos praticados pelos agentes públicos, consubstanciados na alienação de remédios ao Município vizinho em estado de calamidade, sem prévia autorização legal, descaracterizam a improbidade strictu senso, uma vez que ausentes o enriquecimento ilícito dos agentes municipais e a lesividade ao erário. A conduta fática não configura a improbidade. É que comprovou-se nos autos que os recorrentes, agentes políticos da Prefeitura de Diadema, agiram de boa-fé na tentativa de ajudar o município vizinho de Avanhandava a solucionar um problema iminente de saúde pública gerado por contaminação na merenda escolar, que culminou no surto epidêmico de diarréia na população carente e que o estado de calamidade pública dispensa a prática de formalidades licitatórias que venha a colocar em risco a vida, a integridade das pessoas, bens e serviços, ante o retardamento da prestação necessária. É cediço que a má-fé é premissa do ato ilegal e ímprobo. Consectariamente, a ilegalidade só adquire o status de improbidade quando a conduta antijurídica fere os princípios constitucionais da Administração Pública coadjuvados pela má-fé do administrador. A improbidade administrativa, mais que um ato ilegal, deve traduzir, necessariamente, a falta de boa-fé, a desonestidade, o que não restou comprovado nos autos pelas informações disponíveis no acórdão recorrido, calcadas, inclusive, nas conclusões da Comissão de Inquérito".[57] No

---

[54] Interessante escólio: STJ, Recurso Especial nº 407.075/MG, 1ª Turma, Rel. Min. Luiz Fux. DJ: 23/09/2002, p. 244. No mesmo sentido: STJ, Recurso Especial nº 15.463/RS, 2ª Turma, Rel. Min. Hélio Mosimann, DJ: 25/04/1994, p. 9230.

[55] Recurso Especial nº 407.075/MG, DJ: 23/09/2002. p. 244.

[56] Trecho do voto proferido no julgamento do ROMS 407/MA, 1ª Turma, Rel. Min. Humberto Gomes de Barros, DJ: 02/09/1991, p. 11787.

[57] STJ, Recurso Especial 480.387/SP, 1ª Turma, Rel. Min. Luiz Fux, DJ: 24/05/2004, p. 163. No mesmo sentido, no âmbito da aplicação da improbidade administrativa: "Administrativo. Responsabilidade de Prefeito. Contratação de pessoal sem concurso público. Ausência de prejuízo. Não havendo enriquecimento ilícito e nem prejuízo ao erário municipal, mas inabilidade do administrador, não cabem as punições previstas na Lei nº 8.429/92. A lei alcança o administrador desonesto, não o inábil. Recurso improvido. (STJ, 1ª Turma, Recurso Especial nº 213.994/MG, Rel. Min. Garcia Vieira, DJ: 27/09/1999, p. 59)

caso em apreço, como visto, o Min. Fux, seguido pelos pares, valorizou a intenção das partes envolvidas, concluindo pela ausência de ilegalidade nos atos discutidos.

Dessa forma, na interpretação do enunciado 473, deve-se reconhecer a faculdade da Administração anular seus próprios atos, desde que esses tenham causado lesão ao Estado, sejam insuscetíveis de convalidação e não tenham servido de fundamento a ato posterior praticado em outro plano de competência.[58]

5. Concretização jurisprudencial

A remissão à boa fé da Administração, enquanto garantidora das expectativas legítimas dos administrados, vem ocorrendo cada vez com maior freqüência na experiência judiciária brasileira. Inúmeros são os julgados que, de uma forma ou outra, intentaram concretizar o princípio da proteção da confiança do administrado, a partir do cotejo com o agir constitucional da Administração.

5.1. Aprovação em concurso público:
Recurso Especial nº 6.518/RJ

Interessante julgado do Superior Tribunal de Justiça tratou de requisitos estabelecidos em edital de concurso público. No caso concreto, analisado no Recurso Especial nº 6.518/RJ, determinado Município organizara um certame, estabelecendo a idade mínima de dezoito anos para a aprovação. A recorrente, menor à época da matrícula, participou regularmente da seleção, e ao cabo foi aprovada. Chamada para efetivar o contrato de trabalho, quando já contava com dezenove anos, a Administração Municipal indeferiu sua contratação, sob o argumento de que, quando da inscrição, a cidadã não preenchia os requisitos elencados no edital. Inconformada recorreu ao Judiciário, tendo chegado a demanda até o Tribunal Superior, o qual reconheceu o direito da futura servidora.[59]

---

[58] Esta a conclusão do voto do Min. GOMES DE BARROS no acórdão acima apontado.

[59] Ementa: "Administrativo. Concurso público. Princípio da legalidade. Sua harmonização com a estabilidade das relações jurídicas e a boa fé. Candidata admitida a concurso antes de completar a idade mínima prevista no edital. Recusa de nomeação da candidata que além de aprovada já atingira a idade limite. Ilicitude da recusa. Recurso especial não conhecido. O concurso publico, como procedimento administrativo, deve observar o principio da instrumentalidade das formas (art. 244 do CPC). Em sede de concurso público não se deve perder de vista a finalidade para a qual se dirige o procedimento. Na avaliação da nulidade do ato administrativo e necessário temperar a rigidez do princípio da legalidade, para que ele se coloque em harmonia com os princípios da estabilidade das relações jurídicas, da boa fé e outros valores essenciais a perpetuação do estado de direito. Limite de

A argumentação do voto condutor, acompanhado pela unanimidade dos demais Ministros, centrou sua análise no significado atual do princípio da legalidade. Asseverou, enfaticamente, o Rel. Min. Humberto Gomes de Barros: "em tema de nulidade do ato administrativo, é necessário temperar a rigidez do princípio da legalidade formal, para que ele se coloque em harmonia com outros valores essenciais à perpetuação do Estado de Direito. O princípio da legalidade gerou um outro: o do primado dos interesses públicos sobre os particulares. Este princípio, erigido em preceito maior do Direito Administrativo foi, desgraçadamente, levado a exageros e deformações. Assim, os 'superiores objetivos da Administração' foram muitas vezes confundidos com os subalternos interesses do príncipe. O sagrado postulado, vítima de solertes fraudes, transformou-se em caldo de cultura, onde proliferaram e se desenvolveram o fascismo e tantas outras espécies de tirania. A necessidade de colocar freios a tão dolorosos exageros trouxe à evidência antigos valores, até então relegados ao discreto plano do Direito Privado. Constatou-se que a estabilidade da ordem jurídica depende de que se prestigiem entidades como a boa fé e a segurança das relações jurídicas. Em lenta e segura evolução, a doutrina e a jurisprudência aproximam-se de uma solução de equilíbrio entre aqueles valores simétricos".

Como visto, valorizou-se a confiança despertada pela Administração na candidata, a qual desde o início do certame jamais escondeu seus dados de identificação, tendo sido admitida a concorrer pela vaga e – ainda mais importante – mostrando sua capacidade através da aprovação. Esse posicionamento (que de certa forma seguiu a linha da jurisprudência já majoritária) foi confirmado por inúmeros julgados que se seguiram.

5.2. A doutrina dos atos próprios: Recurso Especial nº 141.879/SP

Frutífera foi a discussão travada no Recurso Especial nº 141.879/SP, a qual estabeleceu que também a administração, enquanto contratante, deve pautar seu comportamento pela correção e boa-fé. Tratava-se da pretensão da Administração Municipal de anular um contrato celebrado anteriormente com terceiros, pelo qual, além de transferir a propriedade de um lote, comprometeu-se a regularizá-lo, recebendo em contrapartida o preço ajustado. Todavia, alegando a impossibilidade de regularização do

---

idade, em concurso público e requisito para o exercício de emprego. Assim, se o candidato que não satisfazia o requisito no momento da inscrição foi admitido ao concurso e aprovado, não e lícito a Administração recusar-lhe a investidura, se no momento da contratação a idade mínima já se completara". (Recurso Especial nº 6518/RJ, 1ª Turma, Rel. Min. Humberto Gomes de Barros, DJ: 16/09/1991, p. 12621)

terreno em virtude de rigorosas exigências do Ministério da Aeronáutica, o Município ingressou com demanda de resolução do contrato, requerendo a reposição do estado fático anterior das partes.[60]

Atento às potencialidades do sistema, o Superior Tribunal de Justiça aplicou a teoria dos atos próprios, que deriva do princípio da boa-fé objetiva. Analisando o caso concreto, o Ministro Relator, Ruy Rosado de Aguiar Junior demonstrou que incumbia justamente ao Município a regularização dos ditos loteamentos irregulares, afinal comprometera-se nesse sentido anteriormente perante terceiros, criando nestes a expectativa de que jamais a Administração voltaria atrás em seus propósitos. Em feliz síntese, ressaltou o professor Ruy que "o princípio da boa fé deve ser atendido também pela administração pública e até com mais razão por ela e o seu comportamento nas relações com os cidadãos pode ser controlado pela teoria dos atos próprios, que não lhe permite voltar sobre os próprios passos depois de estabelecer relações em cuja seriedade os cidadãos confiaram".

Dessa forma, tendo a Administração preteritamente negociado uma propriedade e, mais do que isto, comprometendo-se a regularizá-la, sua pretensão resolutiva não poderia ser chancelada, sob pena de violação à boa fé objetiva. A legítima confiança do cidadão, nessa situação, mereceria a tutela jurisdicional.

II. Conclusões

A Constituição Federal apresenta um novo marco para o controle dos atos administrativos. Nesse panorama, assume especial importância a valorização das legítimas expectativas dos cidadãos, os quais têm o direito de exigir do administrador comportamentos positivos e omissivos na linha dos vetores principiológicos do art. 37, da Constituição.

Servem as teorias hauridas da boa-fé no direito civil para preencher relevante alvéolo no âmbito das relações travadas entre Administração e particulares. Essa integração entre dois microsistemas (administrativo e civil) mostra-se de todo salutar a partir valorização da harmonia entre os diversos ramos da ciência jurídica.

---

[60] Ementa: "Loteamento. Município. Pretensão de anulação do contrato. Boa fé. Atos próprios. Tendo o Município celebrado contrato de promessa de compra e venda de lote localizado em imóvel de sua propriedade, descabe o pedido de anulação dos atos, se possível a regularização do loteamento que ele mesmo está promovendo. Art. 40 da Lei 6.766/79. A teoria dos atos próprios impede que a Administração Pública retorne sobre os próprios passos, prejudicando os terceiros que confiaram na regularidade de seu procedimento. Recurso não conhecido. (Recurso Especial nº 141.879/SP, 4ª Turma, Rel. Min. RUY ROSADO DE AGUIAR JUNIOR, DJ: 22/06/1998, p. 187)

A boa-fé no Direito Administrativo pode ser valorizada tanto pelo aspecto subjetivo, hipótese na qual ela se relaciona intimamente com o princípio da moralidade, bem como pela acepção objetiva, a qual, desprendendo-se da animosidade dos agentes, irá exigir dos participantes da relação administrativa um comportamento previsível durante todo o iter, em razão da tutela que se há de emprestar aos demais sujeitos do vínculo.

O procedimento administrativo prévio, nas questões complexas que envolvam direitos constituídos dos cidadãos, traduz um imprescindível método democrático de trabalho, pelo qual todos os interessados prestam esclarecimentos com vista a formação da melhor síntese. O interesse público, longe de ser valorizado isoladamente, deve estar sempre em sintonia com a soma dos interesses privados envolvidos, de modo que a tomada de decisões da Administração deve ponderar os efeitos concretos derivados, mediante a participação dos sujeitos eventualmente atingidos.

O tema da tutela da confiança do cidadão encontra grave ponto de estrangulamento no verbete 473 da súmula do Supremo Tribunal Federal, o qual, se interpretado literalmente, poderá ensejar sacrifícios excessivos e desproporcionais àqueles que entretém relações com a Administração, comprometendo, por via reflexa, o ideal constitucional de harmonização nas relações públicas e privadas.

Verifica-se, da análise da jurisprudência do Supremo Tribunal Federal e do Superior Tribunal de Justiça, preocupação com os efeitos que a revogação e o anulamento dos atos administrativos podem ocasionar à vida dos cidadãos. Para temperar o rigorismo da aplicação cega do poder de autotutela da Administração, de todo recomendável tutelar-se a legítima confiança dos particulares, a partir dos mandamentos da boa-fé, oriundos do direito privado, mas já bem recepcionados pelo direito público.

Impressão:
Editora Evangraf
Rua Waldomiro Schapke, 77 - P. Alegre, RS
Fone: (51) 3336.2466 - Fax: (51) 3336.0422
E-mail: evangraf@terra.com.br